辛德勇

　　1959 年生，历史学博士，现任北京大学历史系教授。主要从事中国历史地理学、历史文献学研究，兼事中国地理学史、中国地图学史和中国古代政治史研究，主要著作有《隋唐两京丛考》《古代交通与地理文献研究》《历史的空间与空间的历史》《秦汉政区与边界地理研究》《建元与改元：西汉新莽年号研究》《旧史舆地文录》《石室膡言》《旧史舆地文编》《制造汉武帝》《祭獭食蹠》《海昏侯刘贺》《中国印刷史研究》《史记新本校勘》《书外话》等。

辛德勇——著

发现燕然山铭

中华书局

图书在版编目(CIP)数据

发现燕然山铭/辛德勇著. —北京:中华书局,2018.8
(2020.3)重印
ISBN 978 - 7 - 101 - 13354 - 7

Ⅰ. 发… Ⅱ. 辛… Ⅲ. 摩崖石刻－铭文－考证－
中国－东汉 Ⅳ. K877.494

中国版本图书馆 CIP 数据核字(2018)第 159422 号

本书的写作得到北京大学中国古代史研究中心资助。

书 名	发现燕然山铭	
著 者	辛德勇	
责任编辑	胡正娟	
出版发行	中华书局	
	(北京市丰台区太平桥西里 38 号 100073)	
	http://www.zhbc.com.cn	
	E-mail:zhbc@zhbc.com.cn	
印 刷	北京市白帆印务有限公司	
版 次	2018 年 8 月北京第 1 版	
	2020 年 3 月北京第 2 次印刷	
规 格	开本/880×1230 毫米 1/32	
	印张 9⅜ 字数 170 千字	
印 数	10001 - 14000 册	
国际书号	ISBN 978 - 7 - 101 - 13354 - 7	
定 价	49.00 元	

前 言

写这本小书，当然是缘于《燕然山铭》摩崖刻石的发现，但具体的起因，还和我前此出版的《海昏侯刘贺》有一点儿关系。

去年8月14日一大早，收到《澎湃新闻》于淑娟女士的微信，转发了前一天新浪微博上发布的一条消息。这条消息，披露了内蒙古大学蒙古学研究人员和蒙古国相关学者发现《燕然山铭》的情况。于淑娟女士想听听我的看法。

当时我正在广州，参加当年的"南国书香节"，为我的《海昏侯刘贺》，与热心读者见面，当天晚上才能飞回北京。看了相关的报道，我脑子里不过一团糊糊，因为对东汉的历史，实在太过生疏，只能表示回家后查查资料再说。

外出办事，条件再好，我也很累。晚上回到北京，身体疲惫，歇到第二天晚上，还没缓过劲儿来。第三天精神稍好，看了一天相关的史料，觉得可以多少谈一些看法。

初步的感觉，是这一发现很重要。既然社会公众对此十分关注，学术界就有责任和义务及时做出应有的说明和认识。这一点，我在《海昏侯刘贺》一书出版前后是有切身体会的。正因为《海昏侯刘贺》的出版，在一定程度上满足了社会公众的迫切需求，也及时分析和解释了与刘贺其人密切相关的诸多重大历史问题，因而受到许多读者的欢迎。这一经验，促使我尽可能全面地思考了与《燕然山铭》相关的各项问题，最后决定以漫谈的形式，撰写一组文稿，阐释我对这一重大发现的看法，给社会公众提供一些具有一定学术深度的参考。结果，陆续写出了十篇文稿，总名之曰"《燕然山铭》漫笔"。

这些文稿，除了第一篇，是应陈小远女士之邀而发布在《腾讯新闻》的《大家》栏目上之外，其余九篇，都在写成后即发布在于淑娟女士主持的《澎湃新闻》之《私家历史》栏目。第一篇文稿《班固〈燕然山铭〉刻石的发现与旧传拓本、另行仿刻及赝品》，是2017年8月21日在《大家》上刊布的。文稿刊布仅仅一个小时左右，我就收到中华书局上海公司余佐赞先生的手机微信，愿意帮助我把这篇东西和后续的文稿编成一本小书出版。这既是对我个人的极大鼓励，更是想要及时地把相关的知识推送到社会公众的面前。于是，就有了摆在大家面前的这本小书。

由于身体的原因，撰写这些文稿，不宜太过劳累。同时，从去年8月中旬到现在，我并没有集中全部精力从事这一研究。由于种种意想不到的原因，还穿插着写了十万字上下的其他文稿，做了几场讲演，直至今日，才完成全部内容的撰写，以致延宕了读者看到这本小书的时间，这一点诚请各位读者予以谅解。

在这本小书即将出版的时候，对书中的内容，我想说明如下几点：

第一，这本小书，是我为配合《燕然山铭》的发现而临时赶做的研究，是想像以前撰写《海昏侯刘贺》一书时那样，尽可能提供给大家一些比较深入的研究心得。但由于我平时没有相关的积累，尽管态度比较认真，工作也相当努力，现在的书稿仍然会存在很多不足，希望能够得到广大读者的批评帮助。

第二，作为学术探索，书中所说，自然都是我本人的看法。这些看法，不一定完备，也不一定十分合适，同时也一定不会得到所有人的认同。属于事实认识错谬和论证疏误的地方，我希望以后能有机会做出订补，但还有一些问题，属于历史评判的范畴，是一种价值判断，所谓仁者见仁，智者见智，人们很难取得普遍一致的看法。譬如对窦宪北征之役历史意义的评价，对班固撰著《燕然山铭》之社会作用的评价，都是这样。在这一方面，我知道一些人会有不同的意见，同时也相信每一位有教养的读者都能够尊重我的看法。

第三，由于刻石漶损严重和目前公布的拓本不够清晰，这本小书对《燕然山铭》文本的复原，是很初步的，一定存在一些差误，不过将来条件充分时再做出补正，也不会有多大困难。需要稍加说明的是，为了尽量增强复原工作的资料条件，我引入了南宋学者刘球的《隶韵》，希望参考《隶韵》所收《燕然山铭》的文字，更好地复原这篇铭文的文本。但《隶韵》所收《燕然山铭》文字的来源是否可靠，还颇有疑问，现在只是存而备考而已。退一步讲，即使将来证明其出自赝造，充分关注这一文本，也会帮助我们认识宋人对《燕然山铭》石本的强烈需求和古董商人作假充真的具体情况。

最后，我要向积极推动本人开展这一研究的于淑娟女士致以由衷的谢意；向最早帮助我刊发文稿的陈小远女士致以由衷的谢意；向热情帮助我出版这本小书的余佐赞先生致以由衷的谢意；向辛苦处理稿件的胡正娟女士致以由衷的谢意。

2018 年 4 月 28 日晚记于京西寓所

目　录

第一篇
班固《燕然山铭》刻石的发现与旧传拓本、另行仿刻及赝品

一、新发现的古老刻石

近日传出消息，东汉时期著名学者班固在随从车骑将军窦宪与北匈奴军队征战时撰写的《燕然山铭》刻石，被蒙古和中国内蒙古大学的学者发现，并得到确认。比较正式的报道，见于2017年8月14日《澎湃新闻》的《私家历史》，由该报记者于淑娟撰稿，题目是《中蒙考察队中方专家齐木德道尔吉：发现〈封燕然山铭〉》（案，所谓"封燕然山铭"，即敝人所说"燕然山铭"。关于这一刻石的篇名问题，我将在"《燕然山铭》漫笔之九"中做出说明）。

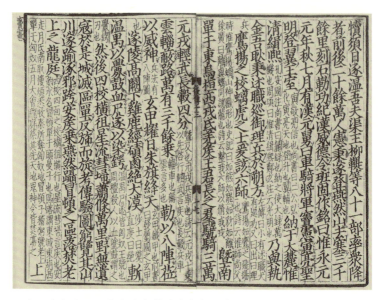

日本汲古书院影印南宋建安黄善夫书坊刻本
《后汉书·窦宪传》中的《燕然山铭》

　　这篇《燕然山铭》，在南朝刘宋范晔撰著的《后汉书》和
梁昭明太子萧统编纂的《文选》中都收录有全文，从总体上
来说，并没有给中国古代历史的研究提供前所未有的新资料，
因而不宜过分夸大此次发现的学术价值，也不宜做太多非专
业的渲染。

　　尽管如此，发现这篇《燕然山铭》在当时的刻石，还是
可以给相关研究提供很多不同于以往的文献信息，足以清
楚证明、补充、修正既有的认识，或是启发和帮助我们重新
思考一些相关的问题。其刻石所在的位置，更为研究许多古

代地理问题，确立了一个十分明确的坐标原点。以此为基准，足以厘清和落实诸多古代地名和部族所在的位置，这就像1980年在大兴安岭上的嘎仙洞中发现北魏太平真君四年（443年）的石刻祝文一样，一地底定而四方序次分明。这些都与直接、迅捷的"爆料"式新闻报道不同，需要进行长期、潜心和具体的研究。

不过，这一报道已经引起社会公众的广泛关注，特别是也吸引了众多文史领域从业人员的瞩目。其中大多数人，并不了解相关的情况；即使是那些文史学科的从业人员，大多也并不从事或是无暇致力于与此相关的研究。因而，人们迫切希望更多地知悉一些《燕然山铭》的背景资料，以及它究竟具体在哪些方面能够带给我们一些新的认识。简单地说，就是更清楚一些了解这篇铭文的价值和意义。

这种性质的需求，长期以来是一直存在的，只不过近年因网络社交形式的普及和电子媒体的崛起而将其彰显出来。事实上，满足这样的心理需求，努力揭示那些未知的真相，正是包括文史研究在内所有学术探索的根本动力。专业的研究人员写出有一定深度而又能满足社会公众需求的文稿，首先是满足自己问学求知的好奇心，其次才能谈到社会责任和社会义务。

前此，在考古工作者公布南昌海昏侯墓发掘成果之后，社会上也出现过这样的需求。由于以前做过一些相关的研究，具备一定基础，我便就自己所知所思，写过一些文章，并出版了《海昏侯刘贺》一书，及时提供给社会公众用作参考，发挥了一些积极的作用。

这对我是一个很大的激励，同时也很切实地体会到，社会公众需要严谨而又具体的历史论述，既不是肆意而行的戏说，也不是空泛无边的大话。基于这一情况，现在腾讯《大家》嘱咐我来写一下自己对相关问题的认识，自然乐于应从。只是我对相关史事确实相当生疏，只能勉力查阅相关史料，陆续整理成文，给大家提供很初步的一般性参考。

今天，在这里，我想先笼统地谈一谈有关《燕然山铭》的一般历史背景，厘清相关情况，会对我们合理地认识、研究和利用这篇铭文起到积极和重要的作用。其他问题，接下来我再另行撰文，做出说明。

二、金石学风尚下的塞外摩崖铭文

窦宪这次率军出击北匈奴，是在汉和帝永元元年（89年）夏六七月间。当时，在汉军的打击下，"虏众崩溃，单于遁走。……斩名王已下万三千级，获生口马牛羊橐驼百余万头"，一句话，窦宪兵获全胜。于是，指令从军出征的班固，为他撰写了这篇铭文，并将其刊刻在燕然山上，用以铭记此番出兵所获得的战果，并"纪汉威德"（《后汉书》卷四《和帝纪》、卷二三《窦宪传》）。事实上，自嬴秦以来一直雄踞北方草原与中原王朝相向对抗的匈奴，在遭受此番打击之后未久，即远徙西方，中原王朝同草原帝国的对峙与冲突，由此转入新的历史阶段。若是不通盘考虑东汉王朝实际面临的"边患"，仅仅从形式和名义上看，对于中原王朝一方，这确实可以说得上是一项值得大书特书的"功业"。

由于这一地点距离东汉的北部边塞已达"三千余里"（《后汉书》卷二三《窦宪传》），也就是超出于华夏之国疆界之外相当遥远，在汉军退兵回朝之后，国内也就鲜有人再能身历其地，瞩望观瞻。这样，天长日久之后，这一石刻所在的具体地点，也就不被世间知晓。

在另一方面，对于后世人来说，对这类古代的碑刻文字，也并不是"自古以来"就怀有浓烈的兴趣。这篇《燕然山铭》既然已经见诸《后汉书》和《文选》这两部普遍通行的著述，内容开卷即得，人们也就更不会特别着意于原始的石刻了。

直到北宋中期，自仁宗庆历年间以来，以刘敞、欧阳脩、曾巩、吕大临等人为代表的一批学者，始基于其打破注疏束缚以独立探求经义的学术取向，为通过考据史事以求真求实，渐次形成了搜集并考究、利用古器物铭文和石刻碑版文字的文化风尚。

在这一风潮当中，欧阳脩纂有《集古录》一千卷，另附《跋尾》十卷（今仅存《跋尾》）；曾巩著有《金石录》五十卷（宋韩维《南阳集》卷二九《朝散郎试中书舍人轻车都尉赐紫金鱼袋曾公神道碑》。其原书已佚，仅有石刻《跋尾》十四篇，存曾巩文集之中，另外，南宋陈思纂录的《宝刻丛编》对曾氏此书亦颇有征引。又曾书卷次一说为"五百卷"）；赵明诚著《金石录》三十卷。另外，还有佚名撰《京兆金石录》六卷。（宋陈振孙《直斋书录解题》卷八）这些书籍的内容，虽然并不都是石刻文字，其中还有一部分是镌刻或铸造于铜器之上的金文，但其中都包含大量碑刻的内容，甚至可以说是以碑版铭文为主。

在上面罗列的这几部金石学著述当中，早已失传的《京兆金石录》一书，值得特别关注。原因，是它的地域性。尽管所谓"地域性"特色并不能简单等同于具体事项的空间特性，或者说是地理属性，像《京兆金石录》这样名目的书籍，往往只是把纪事或叙事的对象由全国收缩到某一特定的区域而已。但是，此书把金、石文字比较丰富的"京兆"亦即关中地区单独列为着笔的对象，显示出北宋中期以来对铜器铭文和石刻碑版所投入的关注和研究已经日渐深入，日渐细致，从而析分出具体的地理单元。地域性金石著述的出现，至少意味着人们看待金石文字的眼光，与具体的地域已经建立了非常密切的关联。

其实欧阳修的《集古录》，还另附有二十卷《录目》，系由其子欧阳棐编著。这篇《录目》就主要是"列碑石所在及其名氏、岁月"（《集古录》卷首编者识语），特别注重刻石的位置。大致在北宋后期，又陆续出现一些专门著录石刻文字的著述，也都一一载明这些石刻所在的地点，从而更加明确

金石録序

余自少小喜從當世學士大夫訪問前代金石刻詞以
廣異聞後得歐陽文忠公集古録讀而賢之以爲是正
譌謬有功於後學甚大惜其尚有漏落又無歲月先後
之次思欲廣而成書以傳學者於是益訪來藏畜凡二
十年而後粗備上自三代下訖隋唐五季內自京師達
于四方遐邦絶域夷狄所傳金石之文奇字七小
二篆分隸行草之書鍾鼎甗鬲盤杅之銘詞八
臺砮詩歌賦頌碑志敘記之文章神賢士之烈行
冶至於浮屠老子之說凡古物奇器豐碑巨刻所載與

《古逸丛书三编》珂罗版影印宋刻本《金石录》

地体现出其空间特性或地理属性。遗憾的是，北宋后期出现的这些石刻目录，不仅早已失传，其作者姓名也都失于记载，撰著年代亦模糊不清。不过书中都普遍著录了北方黄河流域的碑石，这不是宋室南迁之后所能做到，所以应成书于北宋后期。其中如《天下碑录》，南宋洪适的《隶释》在卷二七摘录有其中的东汉曹魏诸碑;《诸道石刻录》，南宋陈思的《宝刻丛编》多引述其说;《访碑录》，陈思的《宝刻丛编》对此书亦颇多征引。

至南宋时期，出现了更多专门著录或是汇集碑刻的文献。其中如洪适撰著《隶释》二十七卷、《隶续》二十一卷，专门集录并考订汉魏碑刻文字，而这一时期出现的两部规模较大的碑刻目录，即临安府书肆主人陈思编纂的《宝刻丛编》和不著撰人的《宝刻类编》，也都沿承前述《天下碑录》等书的做法，逐一著录了各个碑石所在的地点。

另外，需要特别指出的是，在这一时期又出现了一部很重要的全国地理总志，在各府州之下，列有"碑记"这一类目，其中的"碑"，就是著录当地的碑刻，专门反映碑刻的地理属性。这部地理总志，就是王象之的《舆地纪胜》。地理著作，重视古碑的石刻铭文，在这之前，就有一个长久的传统，从北魏郦道元的《水经注》，到北宋初年乐史撰著的《太平寰宇记》，都载录了一部分重要的古代碑刻。《舆地纪胜》专门开列"碑记"这一类目，不仅载录碑刻更为普遍，更为系统全面，在继承上述传统的同时，还体现出更多新的时代特征，这就是把碑刻作为一个地方与"景物"、"古迹"等事项并列的文化景观。值得注意的是，通观上述各项相关因素，不难看出，这应该是一个时代的普遍意识，一种社会通行的习尚，而不仅仅是王象之个人别出心裁的意向。譬如陈思《宝刻丛编》之"以今九域京府州县为本，而系其名物于左"（宋陈思《宝刻丛编》卷首宋陈伯玉序）的做法，实际上与《舆地纪胜》开列的"碑记"类目在具体形式上也是颇为相通的。

包括摩崖题刻在内的各种"汉碑"，本来就是石刻铭文中最重的重头，《燕然山铭》在所有汉代碑刻中年代又是很早，还具有特别重大的政治象征意义，同时，两宋时期这些著录、研究碑刻的书籍又是如此注重石刻铭文实在的地理位置，故宋人理应予以高度关注，并着意加以搜罗。可是，我们却未能在上面举述的这些著述中看到《燕然山铭》的踪影。这主要是由于天水一朝的疆域，较诸东汉，已大为狭促，燕然山上的石刻，对于绝大多数人来说，根本无从采录；加之岁月沧桑，控制燕然山地区的族属又迭经变迁，即使有人刻意寻求，恐怕也不会轻而易举地觅得刻石的山崖了。

无法著录或是无从寻觅《燕然山铭》摩崖石刻，并不等于它就会被人们淡忘。相反，由于两宋王朝在北方饱受外敌攻击而又无力克敌制胜，始终被动挨打，无可奈何之中，当年窦宪大败匈奴这一"丰功伟绩"，便成为一班文人士大夫聊以自慰的"历史记忆"，念兹在兹。范仲淹的名句"燕然未勒归无计"，就很典型地体现出这一点。

前述曾撰著五十卷《金石录》的曾巩，还编写过一部载录赵宋太祖以至英宗五朝史事的书籍，名曰《隆平集》。依据《隆平集》以及李焘的《续资治通鉴长编》记载，宋真宗时有焦守节者，身为衣库副使兼通事舍人，在景德二年（1005年）十月，作为祝贺"契丹国母正旦"的副使，随同正使韩国华出使契丹。陪同他们北行的契丹"馆伴"丁求说没太把焦守节等人放在眼里，旅途中，手指远方山岭对他说："此黄龙塘也。"这个黄龙塘，是辽太宗耶律德光安置后晋末代君主少帝石重贵的地方（应与通常所说黄龙府同在一地）。或许这只是一种好心，帮助介绍一下沿途的地理状况，可焦守节的玻璃心明显受到了强烈刺激，把这句话看成了是刻意侮辱中原王朝，当即应声反诘曰："问燕然山距此几许？"所谓"燕然山"，当然是指窦宪在燕然山上"刻石勒功"的往事（《后汉书》卷二三《窦宪传》语），亦即以东汉时期窦氏统军北征的皇皇战绩来自我夸耀。反正都是"汉人"，把先人过往的所谓功业看作是自己血液里满堂堂的遗传基因，以示"威武不能屈"也。宋朝人打不过契丹，常常在外交场合要弄这样一些小把戏，自娱自乐，同时也在小民中维持一下我"大宋"堂堂正正的形象。当然，按照曾巩的讲法，是说焦守节这句话神力大发，弄得丁氏惭愧不已，转而对其加以礼敬。（宋曾巩《隆平集》卷一九《武臣传·焦守节》。又宋李焘《续资治通鉴长编》卷六一）

这个故事的真实性，其实有很多值得斟酌的地方，却很有漢元舅車騎將軍竇憲寅亮聖明恪恭帝室納于大麓惟清緝熙乃述職巡御理兵于朝方鷹揚之士蝐虎之校爰該六師羌夷之長驍騎百萬元戎輕武長轂四分勒以八陣莅以

《快雪堂法帖》中的米芾书《燕然山铭》

具体、也很生动地反映了《燕然山铭》在宋朝士人心底里的地位和分量。故北宋著名书法家米芾曾模仿褚遂良书写彼朝太宗文皇帝哀册的笔法，郑重写录此文，似乎这同样可以令其发挥出世所瞩望的"正能量"。米芾写本《燕然山铭》并非完全依照原文抄录，而是有所压缩调整，这还牵涉到对班固这篇铭文文章写法的评价问题，姑待另文略加评说。

因颇获时人珍爱，此米书《燕然山铭》得以流传于后世（不过也有人疑属后世伪充）。明清时期一些法帖，模刻有米氏书写的这篇铭文，以供临池习字者观摩。这虽然不是严格意义上的碑刻，却也略似于重刻的碑石。如冯铨在明清之际镌刻的《快雪堂法帖》，即为其中之一。

三、南宋人见到的石本

尽管大多数宋代的金石学家都没有能够看到班固《燕然山铭》的真实面目，但至少在南宋时期，曾有一个人目睹过它的容颜。这个人名叫刘球，他在孝宗淳熙二年（1175年）纂成《隶韵》十卷，按韵目辑录各种汉代碑刻中的隶书字形。依样画葫芦，必须依据原石的拓本或是摹本。《隶韵》一书当时曾有石刻拓本流传（清人杨守敬以为木刻拓本，说见上海图书馆藏残宋拓本卷首），今虽无全书传世，但尚存大部分卷次，分别藏弄于国家图书馆和上海图书馆，《中华再造善本》丛书均有影印，而全书完本则有清嘉庆十五年（1810年）秦恩复所刻者广泛通行，今中华书局复影印行世，学者取阅更为便捷。在《隶韵》篇首开具的取材"碑目"当中，乃赫然列有"燕然铭"，并且注云"永元元年"，这当然只能是指班固的《燕然山铭》。清嘉道间人钱泳尝通检全书，指出刘球《隶韵》对《燕然山铭》乃"引模数十字"（清钱泳《履园丛话》卷九《碑帖》之"汉燕然山铭"条）。

刘球撰著此书而且能够引及班固的《燕然山铭》，并非出自偶然，这同样是宋代金石学勃兴的产物。洪适在撰著《隶释》的同时，本来还纂集有与此书同名的《隶韵》，乃有感于"隶刻世所艰得，后学提笔辄书，增点减画，变易偏旁，漫不求是"（宋洪适《盘洲集》卷三四《隶韵序》），故拟汇聚汉隶字形于一编，分属七卷，"法其字为之韵"（宋洪适《隶释》卷首自序。又洪适《盘洲集》卷六三《隶纂跋》），以供研习者参考。这种汉隶文字汇编，犹如近代以来古文字学者编纂的《金文编》《金文续编》之类书籍一样，是判读、研究和利用古昔文字的重要参据。遗憾的是，洪适此书未能完稿（宋娄机《汉隶字源》卷首洪景卢序），这一工作，只能待诸他人。

刘球集录《隶韵》，即与洪适出自同一旨趣，而其罗列所采碑目之众，尝令洪适颇感诧异，"及观其书，乃是借标题以张虚数，其间数十碑，《韵》中初无一字"（宋洪适《盘洲集》卷六三《书刘氏子隶韵》），亦即刘球《隶韵》卷首的"碑目"颇有虚张声势的成分。不过，如上所述，刘

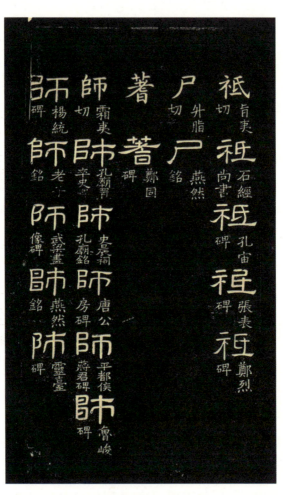

《中华再造善本》丛书影印国家图书馆藏残宋石刻拓本《隶韵》

氏《隶韵》确实辑入不少《燕然山铭》的文字，在这一点上并没有大言欺世。依据新闻报道中能够看到的模糊不清的照片，核对一小部分文字，我并没有发现《隶韵》采录的文字字形与原石有明显区别，其中个别文字，如"师"字，字形比较特殊，与《隶韵》中辑录的其他大多数字形有比较明显的区别，这似乎更有助于证明《隶韵》中标记曰出于《燕然铭》的这些字确实是出于原石的拓本或是摹本（等将来公布清晰、完整的原石拓本照片后，人们就容易核对认证了，不过我已辑录这些文字，将另文做出说明）。

需要说明的是，《隶韵》在《燕然山铭》中采录的文字，数量并不是很多，有些字形很有独自的特色，却并没有被采用。这或许与刘球得到的拓本或是摹本文字不够完整有关，也很有可能是刘氏工作粗疏所致。如洪适当年所说"古碑率多模糊，辨之诚为甚难"，而刘球此书"编次又甚疏略"（宋洪适《盘洲集》卷六三《书刘氏子隶韵》），出现这样的情况，也是情理之中的事情。

四、仿刻与赝造

宋代以后，在明末人于奕正的《天下金石志》和孙克弘的《金石志》中，都著录《燕然山铭》的原石是在宣化，清人倪涛的《六艺之一录》还清楚载录此石的字体是"汉隶"（清倪涛《六艺之一录》卷一一一《北直隶碑》）。然而清代专长于汉碑的学人钱泳，却谓此石乃"绝无传拓之本"，亦即世间爱好搜罗汉碑拓片的文人雅士，并不之重。探寻其间缘由，钱氏推测"恐宣府之本亦是重模耳"（清钱泳《履园丛话》卷九《碑帖》之"汉燕然山铭"条。案，前述于奕正《天下金石志》与孙克弘《金石志》余均未见，依据的是钱泳此处的说法，而检核徐乃昌旧藏抄本《天下金石志》，则未见相关纪事，此事尚待进一步查核），自属合情合理的推断。盖窦宪所至燕然山的具体位置，以前虽然不是十分清楚，但无论如何，也不会近在宣化这一地带，而摩崖石刻，也无法搬动，所以其原石绝不可能在这里存在。宣化的所谓《燕然山铭》，只能是一方以汉隶笔法另行刊刻的碑石。

需要指出的是，当时已无人知晓燕然山上原有刻石的基本形态，更无原石拓本流传，故宣化这一石刻既不会像《桐柏淮源庙碑》等碑刻那样是依其旧式重书新刻，也与后世单纯为重现名碑字迹而尽力依据原刻拓本重摹上石以复制碑刻者不同，仅仅是以东汉通行的隶书镌制成碑而已。

明末人之所以会如此好事，另刻此石，从其时代背景中也大致可以做出揣测。盖当时东北边外的满人已迅速崛起，不断向南侵扰，明朝被动挨打，无法有效应对。其情形，正与宋朝不断遭受契丹、党项和女真诸族的攻掠一样。故当时在北部边防重镇宣府（亦即宣化）另行刻制《燕然山铭》，就像北宋时的焦守节故意大着嗓子嚷嚷此事来给自己壮胆一样，无非是为了激励士气，坚定抗敌制胜的信心。

至于明朝人这种做法有没有效果，历史已经给出了答案。腐败彻髓的朱明王朝，根本无力抵御满人的强悍进攻，八旗铁蹄轻而易举地跨过长城，入主京师，使明宫变成了清宫。但愿这块碑石还在，可以帮助人们思索：究竟依赖什么，才能切实保障一个国家的强盛，保障它不受外敌的侵害。若是仅仅拿陈年旧事儿当鸡血打，即使天天打，日日打，到头来也不会有丝毫效果。

到了清朝中期，伴随着乾嘉考据学的兴盛，金石之学的发展也进入了宋代以来的又一个高潮时期。在这一时期，学者们更进一步争相寻觅各种金石铭文，从而有了更多新的发现。道咸以后，所谓"西北舆地"，成为一时的显学，人们尤为注重搜罗这方面的史料。例如，著名的刘平国摩崖石刻，就是在这一风气下发现的石刻铭文。

在这样的社会文化环境中，清末忽有所谓原石拓本传出，并于宣统元年（1909年），以剪裱本的形式，由"浙江官纸局"石印行世。书商石印时附有名"殷松年"者所撰题识，文曰："光绪初，张勤果驻军伊犁时，命部下以云梯登高拓数十纸，始传于世。吴江徐藻涵广文，曩游勤果幕中，得此本。越岁癸卯（德勇案，是年为光绪二十九年，1903年），于云阳讲舍，持以见赠。希世之珍，未敢久秘，爰付石印，以公同好。"西极边地的伊犁，绝非当年窦宪北征所能经行的地

国家图书馆藏清末出现的所谓《燕然山铭》拓片

方，故《燕然山铭》亦绝无刊刻于此地山崖之理，此必属贾人伪造，用以牟利。故事讲得越生动，越离奇，作伪的迹象也就暴露得越明显。

在《北京图书馆藏中国历代石刻拓片汇编》这部碑刻巨著中，我们也看到了这张所谓《燕然山铭》的拓片，其所附说明云："有谓翻刻者。"古代碑刻之所谓"翻刻"，通常是指依据原石拓本或是摹本重新刻制，以再现原石的面貌，然而当时根本没有这样的拓本或摹本存世，因而也就绝不存在"翻刻"旧铭的可能，其最实在的情况，也只能像前面提到的明代后期在宣化刻制的《燕然山铭》一样，亦即出自另行雕造。至于"刻石"的地点，也绝不可能是在伊犁河边高耸的山崖之上，只能是在内地某处的作案"窝点"；甚至使用的材料，也未必是坚硬难弄的石头。

尽管这一所谓原石拓本，字迹至为拙劣，稍习汉碑者当不难辨识其伪，但仅仅靠字体风格来区分真赝，毕竟具有很大相对性，往往各人有各人的看法。在没有原石拓本以供比勘的情况下，像《北京图书馆藏中国历代石刻拓片汇编》这样的大型数据汇刊，编者如此处理，固属慎重其事，无可非议。现在，《燕然山铭》的原石，既然已经重新面世，仅仅利用新闻报道中提供的模糊不清的局部图片，稍一比对，就可以清楚判明，号称在伊犁发现的这种所谓"云梯"拓本，完全出自无良碑贾的赝造臆造，毫无史料价值。这也是此番发现《燕然山铭》真石最直接的价值之一，亦即正本清源，彻底扫除此等赝品以假乱真对相关学术研究所造成的严重干扰。

在回顾班固《燕然山铭》原石文字在历史上的流传状况及其重行另刻和伪造赝品等事之后，我再来简单谈一两句这次重新发现《燕然山铭》原石对核定其文本的重要价值。这件事，道理十分简单，不管是《后汉书·窦宪传》载述的文本，还是《文选》收录的文本，既经后人转写刻印，都不可避免地要出现文字的变异，而订正这种文字变异的最好途径，就是找到当时原刻的铭文加以核校。至于具体的文本核定和现存《燕然山铭》原石的局限及其弥补办法，接下来，我将在下一篇文稿中予以叙说，对这一新发现的学术研究，仅仅是刚刚开始。

2017年8月20日记

第二篇
赵家那一朝人看到的《燕然山铭》

一、新拓片与旧传本

上一篇，我在讲述《燕然山铭》刻石文本在历史上的流布状况时，曾着重指出，在赵家人坐金銮殿那一朝，有一位名叫刘球的学者，在纂集《隶韵》时就已经利用过一种《燕然山铭》的拓片或是摹本（案，拙撰 "《燕然山铭》漫笔之一"《班固〈燕然山铭〉刻石的发现与旧传拓本、另行仿刻及赝品》，2017年8月21日发布于腾讯《大家》专栏，发布时易题为《历史上的〈燕然山铭〉拓本、仿刻和赝品》）。这不仅是《燕然山铭》刻石文本流布于世的一项重要事件，而且《隶韵》辑存的文字，也是我们现在研究《燕然山铭》石刻的

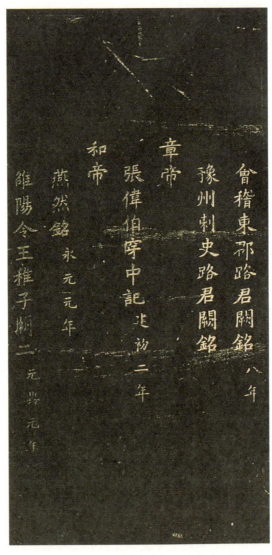

上海图书馆藏宋拓残本《隶韵》卷首《碑目》

宝贵资料。这是因为燕然山上现存的铭文，残损已经相当严重，赵家那一朝人录存的这些内容，不仅可以补充其阙失，还可以帮助我们辨识那些笔画缺损或是模糊不清的文字，以最大限度地重新核定《燕然山铭》的初始形态。因此，不管他们当时得到的是拓本，还是摹本，都不容忽视。

对待古物，古董商只看重其稀少和精美程度所带来的金钱价值，而现代自视"预流"的高端学者，则只在意其是不是"新"，也就是是不是刚刚挖出来的，或是自己刚刚看到的。在这样的学术氛围下，寰海内外，以"新史料、新发现、新问题"作横幅的学术会议，一场紧接着一场，场场爆满，大有非"新"无学、"旧书"免读免谈的势头。

然而，包括金石学研究在内的传统学术研究，其本初形态或者说正宗形态，却不是这样。开辟清朝朴学风尚、同时也是为清代金石考辨奠定基本范式的一代学术宗师顾炎武，是用"增高五岳，助广百川"这八个字来概括金文石铭等各种新出文献的史料价值（顾炎武《金石文字记序》），即把新出土、新发现的史料，放在传世基本史料的辅助地位。相对于传世文献的记载，它只能起到很次要的补充作用。用大俗话讲，不过敲敲边鼓而已。按照顾炎武倡导的学术路径，中国古代文史研究的主脉，始终应以传世基本文献为基础。我体会，这才是一条正路。

当然，对于我来说，这也只是一项总体原则，并不等于对待每一项新的发现、每一个具体问题，在展开具体论述时，都要机械地把传世史料摆在核心的地位。这一原则的实质性意义，是立足于传世基本文献为我们提供的更丰富、更系统的历史事实。在这些历史事实的基础上，才能恰如其分地认识新知新见史料的价值；也只有在这些历史事实的基础上，才能更加深刻、也更为充分地解析新知新见史料所蕴涵的历史信息。

具体落实到这里谈论的《燕然山铭》问题上，就是宋代在很小范围内一度存有的拓本或是摹本，通过刘球的《隶韵》，将其中部分文字留存下来，成为传世文献的组成部分。与作为一般研究背景的普通传世典籍不同的是，《隶韵》收录的《燕然山铭》文字，与最近发现的该铭刻石，具有最为紧密的血缘关系，对研究现存的石刻铭文，当然具有特别重要的意义。而我们若是把两眼仅仅聚焦于"全新"的发现，就很容易忽略《隶韵》辑存的这些内容。

在我公布前一篇文稿，简单指出《隶韵》所收铭文的重要价值以后，一些读者对其真假提出怀疑。其实这也是我从一开始就考虑到的问题。我在研究文史问题时特别注重以传世文献为基础，强调重视传世文献，但并不是盲目地唯此是崇而不加甄别。

二、南来的北碑

刘球宣称他看到并且利用了《燕然山铭》，其令人滋疑的地方，是我在"《燕然山铭》漫笔之一"中已经提到的——因燕然山上刻石远在赵家那一国疆界之外，通常无从采录，以致当时的士人，恐怕已很难获取其拓本或是摹本。这是很容易想到的事情，也是两宋文人学士可能面临的困难。

可是，交通往来存在困难，并不等于通路业已隔绝。在两宋时期，对峙的南北双方，在很多时候，实际上保持着经常而且通畅的交往。

首先，宋辽、宋金之间的使节交聘往还，是制度化的行事，非常频繁，甚至连年不断。在大多数情况下，除了官方互送的大量礼品之外，双方使节都与对方有很正常的人情往来，有礼品的馈赠，其中也包含文化方面的交谊，这些使节还普遍在对方从事一定的私人贸易行为，并非视若寇仇。

譬如，苏轼的老弟苏辙，曾出使辽国，在旅途中写诗寄给大哥，其中有句云："谁将家集过幽都，逢见胡人问大苏。"（宋苏辙《栾城集》卷一六《奉使契丹二十八首·神水馆寄子瞻兄四绝》）这是契丹方面人士与苏辙谈论苏轼诗文的实录。回朝后，苏辙对这一经历，有更详明的记述，乃云：

> 本朝民间开版印行文字，臣等窃料北界无所不有。臣等初至燕京，副留守邢希古相接送，令引接殿侍元辛传语臣辙云："令兄内翰〔谓臣兄轼〕《眉山集》已到此多时，内翰何不印行文集，亦使流传至此？"及至中京，度支使郑颉押宴，为臣辙言先臣洵所为文字中事迹，颇能尽其委曲。

及至帐前，馆伴王师儒谓臣辙："闻常服伏苓（茯苓），欲乞其方。"盖臣辙尝作《服伏苓赋》，必此赋亦已到北界故也。臣等因此料本朝印本文字，多已流传在彼，其间臣僚章疏及士子策论，言朝廷得失，军国利害，盖不为少。兼小民愚陋，惟利是视，印行戏亵之语，无所不至。若使尽得流传北界，上则泄漏机密，下则取笑夷狄，皆极不便。访闻此等文字贩入虏中，其利十倍。人情嗜利，虽重为赏罚，亦不能禁。（宋苏辙《栾城集》卷四二《北使还论北边事劄子五道》之一《论北朝所见于朝廷不便事》）

这不仅充分说明使节与对方人员在文化上的密切交往，同时也反映出契丹方面对宋朝文化的强烈需求和普遍了解。又如宋人许亢宗记录其北使行程，详细描摹了他与金国君臣伴使之间酒食歌欢以至踟蹰不忍相别的亲昵场面。（宋许亢宗《宣和乙巳奉使金国行程录》）

在这种情况下，基于北宋中期以后日渐兴盛的金石学风尚，个别出使于辽、金的赵家使臣，若是像契丹馆伴王师儒向苏辙求取茯苓方一样，拜托辽、金方面的接待人员帮助寻觅《燕然山铭》的拓片或是摹本，以满足个人的兴趣，应该不会存在太大困难。南宋人楼钥就讲到过南渡以后的文人"时将一二馈北使"以换取北人摹刻兰亭《修禊图序》碑拓本的事情。（宋楼钥《攻媿集》卷七七《题罗春伯所藏修禊图序》）

另一方面，宋与辽、金之间，还普遍设立专门的榷场从事南北贸易，交易的货物品类繁多，数额巨大。同时，在官榷场之外，民间还有相当活跃的私下的贸易活动，更进一步增进了双方的商品交易。

苏辙所说宋人向契丹贩卖刻本书籍的情况，就是一种违禁的走私贸易。这是因为宋朝严禁向契丹输出《九经》以外的任何书籍，早在真宗景德三年（1006年）九月，即"诏民以书籍赴沿边榷场博易者，自非《九经》书疏，悉禁之。违者案罪，其书没官"（《宋会要辑稿》食货三八之二八）。南人可以向北人私自贩卖各种违禁的书籍，北人给南人提供并不触犯官府忌讳的往古石刻文字，自然更是顺理成章的事情。南宋人楼钥曾明确记载"北客有以杂碑至榷场贸易"者。（宋楼钥《攻媿集》卷七六《跋先大父嵩岳图》）临安府书贾陈思纂录《宝刻丛编》以著录全国各地的碑石，有陈伯玉者为之作序，更就其普遍状况讲述说："今河洛尚隔版图，其幸而存且全可椎拓者，非边牙市不可得，得或贾兼金。"（宋陈思《宝刻丛编》卷首陈伯玉序）清代著名金石学家翁方纲，即谓刘球之书所依据的碑刻拓本乃多从宋金榷场贸易得来，有诗句评述云："淳熙初二载，榷场孰取皆。汉碑萃兖济，陕洛通江淮。"（清翁方纲《复初斋诗集》卷六三《石画轩草》六《书隶韵后五首》之二）

在这种情况下，像刘球这样专门搜讨汉代碑刻文字的文人，完全有可能通过这种官私贸易渠道，请托对方的商人代为找寻，并获取《燕然山铭》的拓本或是摹本。当然，出现这种情况的文化背景，是北宋中期以后赵家那一朝学人对碑刻铭文的强烈关注，有那个心，才会做那种事。

明了这样的社会背景，也就很容易理解，宋朝人看到刘球书中引录《燕然山铭》刻石的内容，是不会感到特别惊讶的。上一篇我已经讲到，是洪适率先拟议编纂《隶韵》未竟却由刘球成就其事。不知是不是有些酸，洪适对刘球此书，颇有訾议，然而他只是指斥其书"借标题以张虚数，其间数十碑，《韵》中初无一字"，并且注意到书中"凡《隶释》碑刻无一不有，惊其何以广博如是"（宋洪适《盘洲集》卷六三《书刘氏子隶韵》），按照清人秦恩复的说法，就是"惊其广博，哂其疏略"（清嘉庆十五年秦恩复重刻《隶韵》卷末附秦氏《后序》），亦即仅仅抨击刘氏徒列碑名而未收其字，却没有揭出《隶韵》还有比这更为严重的弊病——伪制或是采录赝造的碑文，没有对刘氏书中还列有《隶释》未能集录的《燕然山铭》表示丝毫惊奇。须知在汉碑研究方面，洪适是一代顶尖高手，清四库馆臣称誉他的《隶释》说"自有碑刻以来，推是书为最精博"（清官修《四库全书总目》卷八六），因而，《隶韵》若是采录了赝造的《燕然山铭》，恐怕很难逃过他的法眼。我想，这一点，应当作为我们讨论《燕然山铭》真伪问题的重要参考。

同时，刘球本人一门心思琢磨汉碑的字体字形，他本人就是这方面的专家，又岂能轻易上当受骗？即使赝造拓本能够售卖于彼，制作时也必然要有旧拓可依。须知造假也是技术含量很高的行业，其工艺水平，需要在迎合市场需要的过程中，逐渐发展成熟，而在宋代，这个行当还刚刚起步，制作的技艺尚相当低劣。如友人裴煜曾向欧阳修讲道："煜顷尝谓周、秦、东汉，往往有铭传于世间，独西汉无有。王原叔（案，王洙，字原叔）言华州片瓦有'元光'字，急使人购得之，乃好事者所为，非汉字也。"（宋欧阳修《集古录跋尾》卷一《前汉雁足灯铭》附录《裴如晦帖》）简单的一个瓦片，制作得竟如此粗劣，可以想见，其后在北宋后期以至南宋时期，依据旧拓翻刻仿刻者容或有之，而要想完全凭空赝造出一篇堂堂皇皇的《燕然山铭》，以致蒙骗得过洪适、刘球这样的第一流专家，可能性实在不会很大。我们看一看碑贾在清末凭空硬造的"云梯本"《燕然山铭》有多拙劣，就能更好地理解这一点。

三、在真假疑信之间

下面再从刘球《隶韵》一书转摹字形的准确性角度，来分析一下其采录《燕然山铭》的可信性。请看清人阮元这样评价《隶韵》摹写汉碑字迹的忠实程度：

> 其所摹各碑，以今存者较之，无一笔差谬。

此宋拓隶韵旧人罕见之其所摹者碑以今石者较之每一字羌谬甚别硏～己者皆而依橅膝于底转以意金～芝元家张先生郭其士册合～江都事武沶莊先生郭竟成室璧两惟競使阿厚麿鎸于木板世人修芫攘一支阮元

上海图书馆藏宋拓残本《隶韵》附清阮元跋

近代金石学家褚德彝也评价说：

> 是编模写得真，不失原碑之面目，两京逸碑，得存
> 梗概。

上面的评语，见于上海图书馆藏宋拓印残本《隶韵》附阮元、褚德彝两人的跋语。我本人对书法笔意略无所知，但愿意相信像阮元这样的饱学之士所做的判断。另外，如前此在"《燕然山铭》漫笔之一"所述，清代专长于汉碑的学人钱泳，曾特别谈到《隶韵》采录的《燕然山铭》，而他也没有对其真赝提出任何异议。（清钱泳《履园丛话》卷九《碑帖》之"汉燕然山铭"条）刘球对采录的其他汉代碑刻文字既然能够如此精准，谁又能够凭空赝造出与真本略无差异的《燕然山铭》以致令其上当受骗，同时也让阮元和钱泳等个中高手都看不出丝毫破绽？这都是不大好想象的事情。

综合上述各项原因，我认为，从外在条件来看，我们没有理由，非要怀疑《隶韵》所录《燕然山铭》的可靠性不可。那么，现在《燕然山铭》的原石已经发现，两相对比，不就可以轻而易举地判定其真伪了吗？事情并没有这么简单。要是真这么简单，我也就不会在上面花费这么多笔墨了。

现在我们面临的问题，首先是这一铭文的发现者，亦即中蒙联合考察人员，还没有公布比较清晰的拓本，而目前在互联网上流传的图片，其大部分文字相当模糊，还有很多字

迹根本无法辨识。在这种情况下，能够做出准确对比的文字，十分有限。

尽管如此，我还是尽可能地做了这样的比对工作，结果是：第一，总的来说，我还没有发现字形与石刻出入较大的文字，而且大部分都很吻合；第二，石刻中有一些构形比较特殊的字，在其他汉代石刻中很少看见，而《隶韵》的字形恰恰与其完全相同。例如，"王师"的"师"字，《隶韵》作"𠂤帀"，石刻中的文字，与之完全吻合。这是凭空臆造很难做到的事情。综合这两点情况，我认为《隶韵》收录的《燕然山铭》，基本上也可以从内证方面排除假冒伪充的可能。

需要说明的是，《隶韵》中也有个别文字，与石刻拓本稍有出入。如"宿愤"的"愤"字，《隶韵》左旁作"火"字，书作"燌"，而拓片似如常见字形，镌作"忄"。但竖心旁与火旁差距并不是很大，本来就很容易混淆互讹，而宋拓本《隶韵》中类似的文字讹误，颇有一些类似的情况。

例如，宋人洪适即已指出："《孔宙碑》'南敞孔馌'、《王纯碑》'粥糜冻馁'，文理判然，此书乃以'敞'作'敏'，以'糜'作'麇'。"（宋洪适《盘洲集》卷六三《书刘氏子隶韵》。案，据国家图书馆藏宋石刻拓印残本《隶韵》，《王纯碑》中"糜"字，刘球乃书作"麇"。）后来清人秦恩复依据宋拓重刻《隶韵》时，倩金石学大家翁方纲对照原碑，做了上、下两卷的《考证》，附于篇末，也订定书中一些同类舛讹，而秦氏本人更概括指出其中典型事例云："如《荀君碑阴》以'友'作

《燕然山铭》摩崖刻石实地场景

'支'……《唐扶颂》以'牽'作'掌',《郙阁颂》《娄寿碑》以'愛'作'舜',此类甚众。"（清嘉庆秦恩复刻本《隶韵》卷末附秦氏跋语）基于这样的实际情况，更不大好想象赝造者非要杜撰出一个没人见过、因而也不大容易被人认可的字形来以自曝马脚。

　　像这样一些差谬，形成的原因会有很多。看一看《燕然山铭》高悬于陡壁的状况，我们就很容易理解，当年要想获得一份精良的拓本或是摹本，会存在很大困难，拓本或摹本中出现这样的差误，自是情理之中的事情（考虑到北地草原不易觅得拓工的情况，刘球所得或许更有可能是摹写的文本）。除了拓本模糊失真或是转摹讹变之外，装裱不慎，有时也会造成字迹的改变，如翁方纲在校订《隶韵》的文字时就曾指出："南宋时北碑隔远，其装襟时纸痕揉湿，不免有失真之虑也。偶有差误，莫之能正。"（清翁方纲《隶韵考证》卷上）在《隶韵》收录的《燕然山铭》中，我们还可以看到，"永宁"的"宁"字，是写作"寍"，字形非常特殊，而石刻中的字迹却是镌作常形，为"宁"。像这样的差异，除了捶拓或是摹写的讹误之外，就也有可能是装裱过程中造成的变易。充分考虑刘球所获《燕然山铭》文本的独特性，也就是捶拓和摹写的难度，还可以推测，《韵略》中所收"寅亮"的"寅"字被书作"寅"形，很有可能也存在同类性质的变易。

所以，仅仅根据这样的出入，还不足以裁定《隶韵》依据的拓片或是摹本是出自贾人伪造。

四、博闻以慎思

总的来说，目前可供比勘的样本太少，还难以做出十分周全的归纳总结。那我为什么非要现在就急急忙忙地谈论这一问题，等将来考察者公布更加清晰的照片后再来讨论，岂不更好？

首先，既然目前并没有强硬的证据能够证明《隶韵》收录的《燕然山铭》文字系出自伪造，那么，我们为什么不先来积极地参考、利用这些文字而非要将其摒弃不看呢？在具

内蒙古大学中方考察人员公布的《燕然山铭》原石拓本照片

体处理相关问题时，我们尽可以审慎斟酌，多方求证，但在相关数据非常稀少的情况下，理应合理地引入参据，而不是在似真似伪之间先做"有罪推定"，将其斥作赝品。又不是耗费巨额公帑去购买什么真假难定的文物，这也伤不着谁，又何必要将其拒之门外不可？

其次，揣摩网上看到的照片，我推测，原石保存的状况，实际已经很差，泐损相当严重，因此，这次捶打出来的拓片，大致也就是我们已经看到的样子，将来正式公布的图片，估计也不会比现在清晰太多，恐怕很难会有根本性的改变。同时，从另一方面看，石刻中那些模糊不清的字迹，实际上是需要结合传世《燕然山铭》的文字来识别判读的；一些完全无法辨识的字迹，更有赖传世铭文的补充。而要想做出尽可能完善的判读和补充，就不能不尽量知悉并积极利用传世铭文中最接近原石的内容。昔清人阮元即谓《隶韵》辑存的汉碑文字，于"碑之亡者，皆可依据"（上海图书馆藏宋拓印残本《隶韵》卷首附清阮元跋），亦即可以依据《隶韵》来弥补原石佚失的缺憾，了解相关文字的结构和笔法。对于今存《燕然山铭》所缺损的文字，当然可以同样办理。这样，及早把《隶韵》收存的《燕然山铭》文字纳入研究的视野，就是一件很有必要的工作了。

我相信，这样的工作，只会推动相关研究取得进展，甚至有助于《燕然山铭》的研究走上更加合理的轨道，而不会造成什么妨碍。哪怕最终证明《隶韵》利用的铭文并不可靠，也是首先需要有人提出这一问题，探讨这一问题，才能在大家的积极关注下，有理有据地将其排除在外。由于现存石刻已经阙失很多文字，辨明《隶韵》所收文字可靠与否，这本身就是审定《燕然山铭》文本不可或缺的一个重要环节。

为充分做好这一工作，我先是很笨很笨地从《隶韵》中辑录出所有《燕然山铭》的文字，总共有47个字。这47个字，来自如下三个不同的版本：

（1）《中华再造善本》丛书影印的国家图书馆藏宋拓印残本。从中辑录17个字。这个版本，拓印得非常清晰，残存的内容也相对较多。

（2）《中华再造善本》丛书影印的上海图书馆藏宋拓印残本。从中辑录10个字。这个版本，拓印的清晰程度，较国家图书馆残本要差很多，残存的内容，也比国家图书馆本要少很多。

（3）清嘉庆十五年（1810年）秦恩复据宋刻拓本重新刻印的版本，使用的是中华书局影印的本子。从中辑录20个字。

上面诸本的排列次序，也是辑录文字的优先次序，即前面有的，后面就不再辑录。秦恩复本虽然是一部依据宋拓本重刻的完书（只是缺少一页刘球进呈的表文），而且秦氏校刻精审，世称善本，"然取以相较，点画波发之间，难免有失真之处"（上海图书馆藏宋拓印残本《隶韵》附褚德彝跋语）。所以，我首先尽可能先利用宋代拓印的残本，而用秦刻补其阙失。

在这里附带说明一下，残宋拓本的"书版"，清人翁方纲以为是石刻（说见秦恩复刻本卷首翁氏撰《重刻淳熙隶韵序》），而杨守敬后来"细玩此本"，以为"当日亦是木质"，盖以其"无泐痕，墨色深浅不一知之"（上海图书馆藏宋拓印残本《隶韵》附杨守敬跋语）。揣摩拓本的印制状况，目前我倾向认同杨守敬的看法，它应是一种木刻的拓印本。中国至迟在南北朝时期，就已经应用拓印技术复制文献文字，先于雕版印刷技术很多年。这是一种独特的印制形式，有雕版印刷无法取代的长处。因而在宋代雕版印刷普及之后，非但没有被淘汰出局，反而还在一些特殊的方面，应用的范围有所扩展，即主要用于拓印一些特殊形式的文献（指上石抑或镌木的目的，主要即供以传拓），其中包括地图、图画、书法名迹、普遍流行的官箴私铭以及处事格言等，再有就是像《隶韵》这种对字形准确程度要求较高的书籍。宋代像这样拓印的书籍，还有薛尚功著《历代钟鼎彝器款识》等。多年前，我曾在日本关西大学举行的一次学术会上宣讲过对这一问题的初步认识，但还很不充分，其后也一直没有顾上再做深入的探讨，但愿以后能稍有暇时得以继续这一研究。

五、铭文的布局形式

从《隶韵》中辑录出这些文字，只是进一步审定《燕然山铭》文本的基础工作之一，而审定《燕然山铭》文本的工作，需要一步一步地渐次展开。因此，我在这里只是尽可能明晰地向大家展示这些文本，这既是我下一步工作的重要准备，也是提供给石刻发现者的参考数据。石刻发现者直接面对原石拓片，看到的字迹自然更加清晰，他们或可利用我对这一资料的初步整理，做出更好的研究。

下面，我先根据澎湃新闻报道中提到的石刻铭文系镌作20行这一基本情况，以自己对新见石刻拓本的辨识，将《后汉书·窦宪传》载录的《燕然山铭》，按照我揣测的刻石原有的款式，排列如下：

惟永元元年秋七月
有漢元舅曰車騎將軍竇憲寅亮聖明登翼
王室納于大麓惟清緝熙乃與執金吾
耿秉述職巡御理兵於朔方鷹揚之校
螭虎之士爰該六師暨南單于東烏
桓西戎氏羌侯王君長之羣驍騎三萬
元戎輕武長轂四分雲輜蔽路萬有三
千餘乘勒以八陣莅以威神玄甲耀日
朱旗絳天遂陵高闕下雞鹿經磧鹵絕
大漠斬溫禺以釁鼓經落逐以染鍔
然後四校橫徂星彗埽條萬里野
無遺寇於是域滅區單反旆而旋考傳
驗圖窮覽其山川遂踰涿邪跨安侯乘燕
然躡冒頓之宿憤光祖宗之玄靈下以
安固後嗣恢拓境宇振大漢之天聲茲
所謂一勞而久逸暫費而永寧者也乃
遂封山刊石昭銘上德其辭曰
鑠王師兮征荒裔勦凶虐兮截海外敻其邈兮
互地界封神丘兮建隆嵑熙帝載兮振萬世

　　虽然我并不想在这里全面考订《后汉书》中《燕然山铭》的文字，但其中有两点，因涉及刻石文字的排列形式，必须做出调整。这就是按照我的初步看法，石刻中没有"遂踰涿邪"的"遂"字，也没有篇末"铭辞"中的五个"兮"字。其中的"兮"字，在网上的图片中只能见到第一、二两处，我判读并不存在该字，其余三处，是依此类推的推论。

　　删除这六个石刻中实际并不存在的文字之后，铭文的排列状况，应大体如下：

惟永元元年秋七月

有漢元舅曰車騎將軍竇憲寅亮聖明登翼

王室納于大麓惟清緝熙乃與執金吾

耿秉述職巡御理兵於朔方鷹揚之校

螭虎之士爰該六師暨南單于東烏

桓西戎氏羌侯王君長之羣驍騎三萬

元戎輕武長轂四分雲輜蔽路萬有三

千餘乘勒以八陣莅以威神玄甲耀日

朱旗絳天遂陵高闕下雞鹿經磧鹵絕

大漠斬溫禺以釁鼓血尸逐以染鍔

然後四校橫徂星彗埽欃槍萬里野

無遺寇於是域滅區單反斾而旋考傳

驗圖窮覽其山川踰涿邪跨安侯乘燕

然躡冒頓之區落焚老上之龍庭

以攄高文之宿憤光祖宗之玄靈下以

安固後嗣恢拓境宇振大漢之天聲茲

所謂一勞而久逸暫費而永寧者也乃

遂封山刊石昭銘上德其辭曰

鑠王師征荒裔勦凶虐馘海外夐其邈

互地界封神丘建隆竭熙帝載振萬世

由此我们可以看出，这20行铭文的排列，在多数情况下，应是每行15字，这一规律性特征十分重要。

我理解，最初书写上石的文字，首先是一次性地写好整篇碑文，故应尽量保持每行15字这一安排。但仔细审视刻石拓本，可知第1行字数较少，盖石面在此有倾斜，不得不减少字数。最初写录在石壁上的文字，第1行应是少写5字，至"有汉元舅"的"汉"字结束。这样，第2行从"元舅"开头，整行则如其余各行一样，都是15个字。但文字写好之后，待石工刻字时，第一行末尾之"有汉"二字，石面崩损，未能依原来写定的文字刻成，只好将"有汉"改刻在第二行。这样，由于第二行文字增多两字，成为17个字，若不费时费事重新书写全篇铭文，只能将第二行文字的布局加以调整。仔细琢磨拓片上的字迹，我觉得当时汉军行程匆促，无暇全面重新调整，所以采取了一种简单处理办法，即大致是在"窦宪"以下，将文字压扁缩小，以保持整行的长度与其他各行相等，而不再改动其他各行已经写好的文字。这一点虽然只是很模糊的揣测，但目前只能假定如此，将来若有更清晰的图像，可再做调整。

这样，除第19行提行导致第18行未能刻满外，其余第1、2、5、10、14行的情况，目前我初步做如下推测：

（1）第1行，因石面斜下不宜刻字以及刻字过程中造成的石面破损，不得不较其他大多数字行少刻7个文字，为8个字。

（2）第2行，原定与其他大多数字行一样，刻15个字，但因第1行因故移下两字，不得不改为17个字。

（3）第5、14行是因《后汉书》文有脱佚而导致其似乎较其他诸行少了一个字，实际上每行也应该刻有15个字。

（4）第10行较其他各行少刻一字。审视原石拓片，该行"大漠斩温禺以衅鼓血"这些字的间距，似属正常排列，与他行相同；底部"染锷"二字的痕迹，似亦属正常排列。而这一段文字，从内容上看，似亦别无阙文。所以，很可能是在"尸逐以"三字这一区间（若是更进一步斟酌，"尸"字位置似亦正常，故更有可能是在"逐以"二字的位置上），石面出现比较严重的剥落，无法正常刻字，只好少刻一字。当然，这样的揣测，是很不确定的，姑书此备考。

由于网上的图片实在不够清楚，我又老眼昏花，其中有一些判读和推测，容有差误，但总体状况，或许不会与实际情形有太大的出入。

在此基础上，若是把从《隶韵》中辑录出来的《燕然山铭》文字植入其中（黑底字辑自宋拓印残本，黄底字辑自清嘉庆秦恩复重刻本），取代《后汉书》原有的文字，情况就是下面这样：

需要说明的是，上图中每行文字底部的参差出入，是所植入文字大小不一所造成的，并不是石刻的实际状况。

这大体上就是我们现在所能知道的赵家那一朝人看到的《燕然山铭》，只是其中一些文字的具体字形，还有待"《燕然山铭》漫笔之三"再做勘改。虽然这只是他们眼中的一小部分景象，但能够做出这样的复原，已经弥足珍贵。

其中比较引人注目的是篇首"永元元年秋"的"秋"字，

《隶韵》书作"䲹"。今石刻拓本，此字模糊不清，其字形虽然已经无法辨识，但从留下的残痕来看，结构显得很复杂，不像"秋"这么简单，而与《隶韵》的"䲹"形更相接近。另外，《后汉书·窦宪传》中"登翼王室"的"翼"字，《隶韵》书作"翊"，这也是《隶韵》本与传世文本显著不同的一点。

至于全面的文字核校，不在本文的论述范围之内，故上面植入《隶韵》的文本，除了前面所说删除一"遂"字和五个"兮"字之外，一律未做改动。不过在这里需要指出，对照原石拓本的照片，基本可以确定其与传世文本之间有如下几处重大不同：（1）"蹑冒顿之区落"句，"区落"二字，石刻作"逗略"。（2）"恢拓境宇"之"境宇"二字，石刻作"畺寓"。（3）"剿凶虐（兮）截海外"的"凶"字，石刻作"匈"，亦即匈奴的"匈"。至于对这几处异文的阐说以及对《燕然山铭》文本的初步订定，需要结合《文选》等书，具体一一说明。限于篇幅，在此无法展开。各位读者莫急，且听下回分解。

2017 年 8 月 26 日记

第三篇
《燕然山铭》的真面目

　　校勘古籍，这事儿说简单，实在简单得不得了。——我理解，就是恢复作者原稿写定本的状态，重现古代著述的真实面目。

　　不过要说复杂，又实在复杂得不得了。即便有作者原稿写定本在，也还很可能存在笔误字讹，为读者顺畅准确地阅读，有时也要校勘；况且在绝大多数情况下，我们是找不到这种原稿写定本的。稍下一等的，便是作者亲自校对刻印的本子，看上去和原稿写定本差不多，甚至还会在刊印过程中对原稿作有修订，已较原稿更上一等。但这同样会有文字的舛讹，也就同样存在校勘的问题。

　　至于后来辗转传抄和相继翻刻所造成的文本变易，更是古籍校勘的主要任务，也是其核心内容。然而，迭经变换之后，简直校不胜校。时移世易，后人往往无法准确理解古人的原初的文意，弄不好还会越校错误越多。

这话乍听起来怪异，实际却很正常，因为今天需要我们校订的很多讹误，本来就是古人胡乱校勘的产物，明朝后期人就做出很多这样的荒唐事儿。

一句话，有很多无奈。前人云，考古之事，尽其心力而已，就是对这种无奈心境的表述。其实这一点正是历史研究的一项本质特征——我们只能最大限度地去接近历史的真实面目，在很多情况下都无法知悉所有的史事和全部的史实，但我们会不断推进对历史的认识。在人们认识历史的进程中，新的发现，有时会推动既有的认识出现显著的进展，《燕然山铭》刻石的发现，就会起到这样的作用。

一、两大文本系统

目前，摆在我们面前的《燕然山铭》的文本，可以分为石刻原本和传世文献迻录本两大系统。

传世文献迻录的《燕然山铭》，大体上有两个文本体系：一个是《后汉书》，被范晔全文迻录在《窦宪传》中；另一个是《文选》，依照它的文体，被编入"铭"这一类。这两个体系的文本，差别不是很大，其上源应当存在比较近密的关系，而结合摩崖刻石铭文，还是可以看出，其中有些相互出入的内容，是具有重要实质性意义的。

在这次发现《燕然山铭》的摩崖刻石之前，人们只能采用常规的办法来校勘《后汉书》和《文选》，虽然能校出一些文字的异同，但往往很难裁决其正误是非（如清人梁章钜的《文选旁证》）。现在，有了最初的刻石文本作依据，再结合上述两大体系的传世文本，就可以最大限度地帮助我们厘清真相。尽管能够清晰辨识的文字只是整篇铭文的一部分，但在复原这篇铭文的基本形式、也就是每一行文字的排列状况之后，还可以藉助这种形式的要求和限制，间接推定一些文字。这样，我们就能够最大限度地接近班固原稿写定本的形态。

谈到班固原稿写定本这个概念，有一项事情，需要略加澄清。这就是我讲的原稿写定本，是指班固在军中写定后交付上石镌刻的文本，而我们现在实际能够看到的，只是铭刻在石壁上的一部分文字，只能相信这些文字是忠实地转录了班固的原稿。因为班固身在其地，可以察看订正，这篇铭文又庄重异常，刻错文字的可能性极小。至于有人推测现在我们看到的铭文是由班固本人亲自动手，"书丹"上石，我以为可能性极小；甚至可以忽略，不加考虑。关于这一点，我将在"《燕然山铭》漫笔之四"中再做具体说明。

石刻原本《燕然山铭》，除了这次考察发现获得的原石拓本之外，在南宋时期学者刘球编著的《隶韵》一书中，还从所称原石拓本或真迹摹本中辑录有47个字。由于原石今已湮损严重，这些字也可以用作参考的数据。

这里需要先向大家说明，在传世文献迻录的《燕然山铭》这一方面，我所依据的《后汉书》和《文选》，版本并不全面，只是就案头所有，姑且做一个最初步的核订。其中的《后汉书》，首先利用的是学者最常使用的中华书局点校本，同时参校百衲本《二十四史》影印的南宋绍兴刻本和日本汲古书院影印的南宋庆元四年（1198年）建安黄善夫书坊刻本。《文选》，则优先利用人民文学出版社影印的南宋绍兴明州刻六臣注本，同时参校《传古楼四部要籍选刊》影印的清嘉庆胡克家刻本（以下简称胡刻本）。所谓六臣注本，注释者都是唐人，是在五臣注本的基础上加入李善的注释，而胡克家刊刻的便是李善的注本。

在石刻原本方面，新近获取的拓片，我只能利用网上通过新闻消息的形式所披露的照片。从中可以看出，原石磨泐已经相当严重，许多字迹已很难识别，甚至还颇有一些文字已根本无从识别。将来实地考察并发现这一铭文刻石的内蒙古大学相关学者，若能公布更清晰的照片，自然可以更好地利用这一拓片，从而做出新的修订。刘球的《隶韵》，优先利用的是《中华再造善本》丛书影印的国家图书馆藏宋拓印残本，其次是同一丛书影印的上海图书馆藏宋拓印残本，最后，是中华书局影印的清嘉庆秦恩复刻本。

百衲本《二十四史》影印南宋绍兴刻本《后汉书》之《窦宪传》

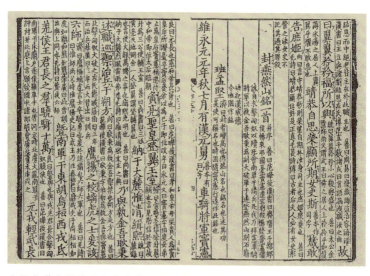

人民文学出版社影印南宋绍兴明州刻六臣注本《文选》

封燕然山銘一首 并序

范曄後漢書曰齊殤王子都鄉侯暢來弔國憂竇憲遺客刺殺暢覺憲懼誅自求擊匈奴以黷死會南單于請兵北伐乃拜憲車騎將軍以執金吾耿秉為副大破單于遂登燕然山刻石勒功紀漢威德令班固作銘

班孟堅

惟永元元年秋七月有漢元舅曰車騎將軍竇憲范曄後漢書曰孝和皇帝以己子寶憲字伯度寶后養帝以為皇后即位改年曰永元又曰寶女弟立為皇后寶憲稍遷侍中和帝即位太后臨朝遷尚書三寅亮聖皇登翼王室尚書曰人弟亮天地弼予一孤寅翼登用輔翼納于大麓惟清緝熙大麓烈風雷雨弗迷毛詩曰維王室清緝熙文王之典乃與執金吾耿秉述職巡禦治兵

《传古楼四部要籍选刊》影印清嘉庆胡克家刻本《文选》

二、初步的核校

下面，我就以中华书局点校本《后汉书·窦宪传》为底本，尝试对《燕然山铭》中能够做出核校的文字，加以初步的订定（《后汉书》原文以繁体照录，校订过程中对必要的文字，也用繁体）。其中不管是原石拓本，还是《隶韵》辑存零字，凡字形结构与传世文献无异而只是隶、楷字体之间的差别，一律不予赘述，而凡是六臣注本《文选》与胡刻本不同而文中又已记明李善注本与其他五臣本不同的地方，则径以"五臣注本《文选》"称之。

● 永元元年秋七月。

【核校】秋，《隶韵》字形不同，作"龝"。

原石拓本此处模糊不清。

可姑从《隶韵》，作"龝"。

● 有漢元舅曰車騎將軍竇憲。

【核校】曰，五臣注本《文选》无此字。

核以原石拓片，此处似作"曰"字，五臣注本《文选》不可从。

● 寅亮聖明。

【核校】明，六臣注本、胡刻本《文选》俱作"皇"。

唐李贤等注《后汉书》，谓"寅，敬；亮，信也"。案，此处原石拓本字迹模糊，残痕似更近"皇"字。《后汉书·班固传》载班固《东都赋》有句云："故下民号而上愬，上帝怀而降监，致命于圣皇。于是圣皇乃握乾符，阐坤珍，披皇图，稽帝文，赫尔发愤，应若兴云，霆发昆阳，凭怒雷震。"李贤注："圣皇，光武也。"唐人李善注《文选》之《东都赋》亦同。此"寅亮圣明"句，盖与下文"登翼王室"相对成文，故以"皇"字义长。今暂定作"皇"字。

●登翼王室，納於大麓，惟清緝熙。

【核校】翼，《隶韵》字形不同，作"翊"。

原石拓本模糊，难以辨别，似"翼"亦似"翊"。

姑暂从《隶韵》，作"翊"。

●乃與執金吾耿秉，述職巡御。

【核校】乃，原石拓本作"廼"。御，六臣注本、胡刻本《文选》作"禦"。

"乃"字应据原石拓本改书作"廼"。

御，原石拓本此处模糊不清。六臣注本《文选》之吕向注曰："耿秉为执金吾，禦，禁也。"今案，如吕向所说，乃读作"禁禦"之义，不如书作"御"字以作"控御"之义解更加通顺。班固尚另外写有一篇《车骑将军窦北征颂》，谀颂窦宪此役战绩，文见唐宋间佚名纂《古文苑》卷一二（余所据为《四部丛刊》影印常熟瞿氏藏宋刻本）。《车骑将军窦北征颂》文中述云："（窦宪）亲率戎士，巡抚疆域。勒边御之永设，奋辕橹之远径。"此"御"字即"控御"之义。依据上述认识，今暂定作"御"字。

●理兵於朔方。

【核校】理，六臣注本、胡刻本《文选》作"治"。於，六臣注本、胡刻本《文选》作"于"。

案，铭文原应作"治"，"理"系唐人避高宗讳改。明人孙能传在所著《剡溪漫笔》中列有专条，论《后汉书》讳'治'"事，谓乃为避忌"唐高宗御名，章怀太子作注时所更"，其中就举述有《燕然山铭》此字。（明孙能传《剡溪漫笔》卷二）原石拓本此处文字已完全不可辨识。今定作"治"。

"於"、"于"在此义通，而原石拓本此处磨泐严重，完全无法辨识。案，上文"纳于大麓"系《尚书·尧典》语，而《后汉书》一如《尚书》书作"于"，此处却特别写作"於"，似俱恪遵旧文，以致两处用字不同。故今姑从《后汉书》，定作"於"。

●鷹揚之校，螭虎之士，爰該六師。暨南單于，東烏桓，西戎氏羌，侯王君長之羣。

【核校】螭，《隶韵》字形不同，作"虫离"。东乌桓，六臣注本、胡刻本《文选》作"东胡乌桓"。

螭，原石拓本此字已无从辨识。今姑从《隶韵》，作"螭"。

统观前后文字，若依《后汉书》，则石刻中本行较他行少一字，原石拓本此处文字虽模糊不清，但上文略似"東"形而下文似为"鳥"字，且"东胡乌桓"系与下文"西戎氐羌"相对成文，语句规整，顺畅合理。又班固《车骑将军窦北征颂》有句云："羌戎相率，东胡争骛。"这也可以印证《燕然山铭》书作"东胡"的合理性，故应据《文选》补入"胡"字。

● 驍騎三萬，元戎輕武。

【核校】三,六臣注本、胡刻本《文选》作"十"。

核以原石拓本，此字似书作"三"。案，铭文此处所述"驍騎"数目，是指随同窦宪北征的南匈奴兵马。

《后汉书·窦宪传》记述云："发北军五校、黎阳、雍营、缘边十二郡骑士，及羌胡兵出塞。明年，〔窦〕宪与〔耿〕秉各将四千骑及南匈奴左谷蠡王师子万骑出朔方鸡鹿塞，南单于屯屠河（案，'屯屠何'的名字，《后汉书》有'屯屠何'、'屯屠河'两种写法，本书除引文依原文外，余一律书作'屯屠何'。）将万余骑出满夷谷，度辽将军邓鸿及缘边义从羌胡八千骑，与左贤王安国万骑出稠阳塞，皆会涿邪山。"若是加上这次出征的主体兵力南匈奴在内，上述四项"羌胡兵"的总数，是三万八千骑，但随同邓鸿的"缘边义从羌胡八千骑"，是一支很特别的由外夷人构成的军事力量，乃由大汉朝廷委派的将领统管指挥，不像匈奴南单于屯屠何和南匈奴左谷蠡王师子、左贤王安国的部属，是随从自己的头人作战，所以，这"羌胡八千骑"只是附从于汉将邓鸿名下，性质与南匈奴的军兵有所不同。《燕然山铭》所述"骁骑三万"，指的就应该是南单于屯屠何和南匈奴左谷蠡王师子、左贤王安国这三位南匈奴酋领各自统辖的一万骑兵。《后汉书·南匈奴传》记载在此番出征之前，南匈奴单于屯屠何上言云："愿发国中及诸部故胡新降精兵，遣左谷蠡王师子、左呼衍日逐王须訾将万骑出朔方，左贤王安国、右大且渠王交勒苏将万骑出居延，期十二月同会房地。臣将余兵万人屯五原、朔方塞，以为拒守。"这三万兵马，也就是后来分别由屯屠何、师子和安国三人各自率领的队伍，愈可证"驍騎三萬"的说法符合历史实际。近人沈家本尝谓"是时南单于三万余骑，义从羌胡八千骑，'三万'、'十万'并非其实"（沈家本《诸史琐言》卷一〇），实乃未审所谓"义从羌胡八千骑"并不隶属于这些南匈奴军兵的队列，没有能够清楚理解班固的文义。

故今定此处仍遵《后汉书》原文，《文选》"十"字当讹。

● 長轂四分，雲輜蔽路，萬有三千餘乘。

【核校】雲，六臣注本、胡刻本《文选》作"雷"。

唐李贤等注《后汉书》，谓"辎，车也；称云，言多也"。案，此处原石拓本字迹无以辨识。六臣注本《文选》释云：'〔张〕铣曰：'辒，车也，言兵车之众如雷声也。蔽，塞也。'〔李〕善曰：'《汉书》扬雄《河东赋》曰：奋电鞭，骎雷辒。'"两相比较，自以作"雷"者义长。今定从《文选》，改作"雷"。

●勒以八阵，莅以威神，玄甲耀日，朱旗绛天。

【核校】莅，六臣注本《文选》作"蒞"。

原石拓本此处模糊不清，从下部所存残痕及所占比例等推测，似略近于"涖"。"莅"、"蒞"二者正变无以区分，不过清人薛传均以为其本字应即《说文》之"隶"，俗写成"涖"，因"涖"而讹为"莅"，复因"莅"而讹为"蒞"（清薛传均《说文答问疏证》卷三）。因知作"涖"尚较质而近古，而《后汉书》和六臣注本《文选》均已有变易，姑依据对原石拓本的揣摩，暂定作"涖"。

●遂陵高阙，下鸡鹿，经碛卤，绝大漠，斩温禺以衅鼓，血尸逐以染锷。

【核校】陵，《隶韵》作"凌"。胡刻本《文选》略同《隶韵》，作"凌"。鹿，五臣注本《文选》作"漉"。

陵，原石拓本此处字迹已无以辨识。今姑从《隶韵》与胡刻本《文选》，作"凌"。

鹿，唐李善注《文选》，已注明："范晔《后汉书》曰：'窦宪与南匈奴万骑出朔方鸡鹿塞。'"案，"鸡鹿塞"名早见于《汉书·地理志》朔方郡窳浑县下，《汉书·匈奴传》载甘露三年（公元前51年），汉宣帝"遣长乐卫尉高昌侯董忠、车骑都尉韩昌将骑万六千，又发边郡士马以千数，送单于出朔方鸡鹿塞"。又班固《车骑将军窦北征颂》有句云："冲鸡鹿，超黄碛。"宋人章樵注释此文曰："《燕然铭》曰：'陵高阙，下鸡鹿，经碛卤，绝大漠。'鸡鹿，塞；高阙，山也。"两相参证，可知应作"鷄鹿"为是，五臣注《文选》"漉"字不可取。

●然後四校橫徂，星流彗埽，蕭條萬里，野無遺寇。

【核校】星，《隶韵》字形不同，作"曐"。徂，六臣注本《文选》云"善本作'狙'"。埽，六臣注本、胡刻本《文选》作"掃"。

原石拓本"星"字处难以辨识，可姑从《隶韵》，作"曐"。

徂，六臣注本《文选》所说"善本"即唐人李善注本《文选》。然今胡刻本《文选》镌作"徂"。作"狙"者不通，当属字讹，不取。

"埽"字处原石拓本亦甚模糊，无法辨识。《隶韵》同《后汉书》，作"埽"。今姑仍《后汉书》《隶韵》，暂定为"埽"。

●於是域滅區殫，反斾而旋，考傳驗圖，窮覽其山川。

【核校】殫，六臣注本、胡刻本《文选》作"殫"。旋，原石拓本作"還"。

原石拓本此字模糊，似略存"殫"字左旁而又与之有所差异。今案"區單"二字前人一向没有诠释，然不明字义即无以定正误。

"域"，义即疆界，"區"字的语义实亦与之相似，义为界限或边鄙，《汉书·苏武传》"區脱"之"區"，用的就是这一语义。（拙文《秦汉象郡别议》对此有详细解说，文刊刘东主编《中国学术》第36辑，2015年）"域"、"區"二字由疆界、边鄙而引申作表示领土属地的词语，即《论语》所谓"邦域之中矣"，在这里不过是互文对举而已。故"域灭"即荡平匈奴之疆土，而"區單"或"區殫"既与之对文，也应是扫清匈奴属地的意思。盖"殫"表竭、尽，用"區殫"最为适宜。不过在竭、尽这一涵义上，"單"亦与"殫"通，故从文义上也无法排除"單"字。参照原石拓片上的残痕，目前我倾向于遵从《文选》，姑且将此字定作"殫"。

又"反旆而旋"的"旋"字，应据原石拓本改书作"還"，作"旋"字是流传过程中产生的讹变。

●遂踰涿邪，跨安侯，乘燕然。

【核校】遂，原石拓本无此字。踰，原石拓本作"隃"。

《燕然山铭》刻石通常每行15字，若依传世文本带有此字，本行则多出1字，为16字。因知传世文献中的"遂"字，必属后世增衍。

隃，可通作"踰"。此字原石拓本比较清晰，可判定无疑。在此，二者语义虽然无别，但自应恢复班固当时书写的原样。

●躡冒頓之區落，焚老上之龍庭。

【核校】區落，原石拓本似作"逗略"。

原石拓本上的"逗略"虽不能百分之百地确认，但并非"區落"，这一点是可以肯定的。这在很大程度上意味着《后汉书》等传世文献中的"區落"，是流传过程中的讹变。假如说"略"与"落"音形相近，还有可能仅仅是同文转写的话，那么，单纯就"逗"字而言，它在石刻拓本上是比较清晰的，由"逗"到"區"，只能是因字形有相近之处而在后世造成的错谬。

那么，前人又是如何解释"區落"一语的涵义呢？唐人注释《文选》的所谓六臣之一张铣释云："區落，部落也。"然而作为一个普通的汉语词汇，"區落"在战国秦汉以迄魏晋的文献中，却别无所见，而唐代以后人使用这一词语，则明显是承用《后汉书》和《文选》中《燕然山铭》的典故，这一点是十分令人费解的。

如果不是普通汉语词汇，那有没有可能是一个匈奴或其他北方族属用语的音译呢？自从清道咸时期以后，西风东渐，学人对古代中文典籍中外围诸族的语言词汇开始给予充分关注，也利用这些知识解决了一些过去未能正确诠释的问题，这确实是一种值得重视的研究方法。但中国古代的"四夷"、特别是北边的戎狄，族属变化聚合非常频繁，也非常复杂，语词语音的变迁自然难得其详。其中有很多问题，即使综合现有的各种手段，恐怕一时还难以求得实实在在的结论，不过聊备一说的猜想而已；另外，还颇有那么一些问题，尽管论者言之凿凿，可稍加追究，就会发现明显的问题，即往往在缺乏足够前提条件的情况下，强自对音，肆意转音，结论根本站不住脚。

譬如上面提到的"區脱"，又作"甌脱"，长久以来，就被中日两国许多学者视作匈奴族的语汇，实际只是指边界线上的哨所，或指由这些哨所连属而成的边界（别详拙文《秦汉象郡别议》）。还有《史记·秦始皇本纪》记载的"陆梁"，由于弄不清说的是什么意思，近代学者有人说是古越语，有人说是壮族的话，还有人说是出自仡佬族，反正怎么看都觉得它不像汉语词汇。可这个字是地地道道的中国老话，而且文义本一望可知，亦即"陆上之梁"，盖"梁"之本义是指水上捕鱼的"鱼梁"。（别详拙稿《陆梁名义新释》，见拙著《旧史舆地文录》）

最为出奇的是，《史记·秦始皇本纪》记载秦始皇三十三年（公元前214年）"禁不得祠明星出西方"，其中"不得"二字，本来是再平易不过的大白话，可是海内外却有那么一批学者，由于不懂天文学常识，弄不明白"明星出西方"是怎么回事儿，非要把它说成是常人听不懂的外国话不可。于是，有人说它是梵语"佛陀"的音译，有人说它是古印度婆罗门教"吠陀"的对音，有人说它是安息语对拜火教的称谓，还有人说这一词语本是支那土产，是汉人自己的古语，指的就是青藏高原上的牦牛，通常更多的是书作"扑特"、"怒特"或"奴特"，只是现代人看不出奥妙而已。愈说愈奇，简直到了不可思议的地步。（别详拙稿《秦始皇禁祠明星事新解》，见拙著《旧史舆地文录》）

对待这一"區落"，同样有人做出过这样的尝试。如清末人文廷式，即谓"區落，盖即单于帐殿之称。區，读如欧。元人窝耳朵、斡耳朵，皆'區落'之音转"。（清文廷式《纯常子枝语》卷三三）文氏由"區落"径直转到"窝耳朵"或"斡耳朵"，这是天知道的事情。现在研究中原北方族裔的学者，仍旧如此转来转去，局外素人是难以置评的。

上述这些研究的主要缺陷，是在缺乏具体用例的情况下，仅仅依据语音的联系来牵强对比，结论自然充满危险。那么，"逗略"这一用法，是不是可以找到可靠的用例，来说明它是来自外族的词语呢？刘宋裴骃《史记集解》引西晋张华语云："匈奴名冢曰逗落。"（《史记》卷一一〇《匈奴列传》刘宋裴骃《集解》）这位张华，系以谙熟《史记》《汉书》相关掌故而著称于当时（《世说新语》卷上《言语》），所说应有可靠的依据。"略"、"落"二字音近形似，"逗落"应是"逗略"的异写，二者当同为一事。这就实实在在地证明了"逗略"确属匈奴的用语。

今《燕然山铭》刻石的发现，不仅印证了张华的说法，同时也显示出其更为原始的写法，应是书作"逗略"。

总之，根据我对原石拓片的辨识和上述考述，应以"逗略"来取代传世文献中的"區落"。

● 上以攄高文之宿憤，光祖宗之玄靈。

【核校】六臣注本、胡刻本《文选》，在"上"的前面，有一"將"字。憤，《隶韵》字形不同，左侧作"火"旁，为"熆"。

统观前后文字，若依《后汉书》无"將"字，则石刻中本行较他行会少一字。原石拓本此处文字模糊不清，但略存类似"將"字残形的笔画。故据《文选》补入"將"字。

"憤"，原石拓本似仍作"忄"旁，未作"火"旁，故《隶韵》疑讹，不足信从。

● 下以安固後嗣，恢拓境宇。

【核校】境宇，原石拓本作"畺寓"。

畺，即"疆"（或书作"壃"）之本字，义乃界也，在这一语义上与"境"相同（《说文》），故传世文献如《后汉书》等便衍化为以"境"代"畺"。

寓，与"宇"系同字异构，清人薛传均的《文选古字通疏证》对此做有详细的论证（《文选古字通疏证》卷一），由"寓"到"宇"的衍化，同样显示出西汉以后文字字形变迁的轨迹。

今自应恢复其固有的形态，书作"畺寓"。

●振大漢之天聲。

【核校】振，原石拓本作"震"。

案，"震"字在此作"兴"、"起"义用，而在这一语义上，古人乃通用"震"、"振"二字，所以后世才会以"振"代"震"。班固在此使用"震"字，于修辞上，可以避免与篇末"铭"辞中"振万世"的"振"字重复。今亦应据原石拓片恢复其固有的形态。

●兹所謂一勞而久逸，暫費而永寧者也。

【核校】兹，五臣注本《文选》作"咨"。所，胡刻本《文选》作"可"。一，原石拓本似作"壹"。寧，《隶韵》字形不同，作"寕"。者，胡刻本、六臣注本《文选》无此字。

"兹"、"咨"在这里都是用作"此"义，二字等同。原石拓本"兹"字处已难以辨识，不过审其残痕，似稍近于"兹"。故暂从《后汉书》和胡刻《文选》，定此字为"兹"。

"所"、"可"二字之间，原石拓本似作"所"字，但已很不清楚。姑从《后汉书》与六臣注本《文选》，定此字为"所"。

"一"，原石拓本不甚清晰，但书作"壹"的可能性远大于"一"，故暂改订为"壹"。

"寧"字，虽《隶韵》字形不同，作"寕"，但原石拓本似仍书作"寧"。在此仍从《后汉书》等传世文献，定作"寧"。

"者"，原石拓本此处大致可辨，而若无此字，石刻中本行则缺少一字，成14字，这是很不合理的。故应如《后汉书》，存此字。

●乃遂封山刊石，昭銘上德。其辭曰。

【核校】乃，原石拓本作"廼"。上，六臣注本、胡刻本《文选》作"盛"，原石拓本作"上"。

乃，应据原石拓本，改书作"廼"。

上，班固《车骑将军窦北征颂》，开篇文曰："车骑将军应昭明之上德，该文武之妙姿。"用法正与《后汉书》载《燕然山铭》相同。今审原石拓本即作"上"字，可证《文选》之"盛"字乃误。

●鑠王師兮征荒裔。

【核校】鑠，《隶韵》字形不同，左侧作"火"旁，为"爍"。兮，原石拓本无此"兮"字。

鑠，原石拓本模糊不清。虽然《隶韵》作"爍"，但这句话是藉用《诗经·周颂·闵予小子·酌》"於鑠王師"的典故，故《隶韵》此字的可靠性很值得怀疑，今不取，仍暂从《后汉书》等传世文献，书作"鑠"。

又案，清人钱泳记述说："吴江翁海村徵君惠余双钩《燕然山铭》，云得之曲阜桂大令未谷，未谷得之玉虹楼所藏宋拓本，真如景星庆云，世未易见。余细审之，谓必是后人重模，如西之作卤……鑠之作爍……皆非汉人字体，又脱去'乘燕然'三字。然未谷深于汉隶，必有精鉴，即是重模，亦非近时人所能为之。"（清钱泳《履园丛话》卷九"汉燕然山铭"条）此"爍"字适与钱泳所说出自宋拓的双钩本《燕然山铭》相合。唯钱氏本见过刘球《隶韵》，却未对《隶韵》所录文字与此本关系做出判断。今故书此备考。

原石拓片中阙少的这处"兮"字，比较明晰，大体可以肯定，再结合铭文整体排列情况是以每行满行15字（个别特殊情况除外）为准则，这句话以下仅余两行位置，而除去所有"兮"字之后，剩余30字，恰可镌满两行。故班固原稿，应当没有这些"兮"字，只是三字一句，故今删除所有"兮"字。

单纯就"铭"之一体在早期的应用范围而言，东汉末人蔡邕，曾归纳总结说：《春秋》之论铭也，曰天子令德，诸侯言时计功，大夫称伐。"蔡邕同时还针对上古多镂铸铭文于钟鼎的情况讲述说："钟鼎礼乐之器，昭德纪功，以示子孙，物不朽者莫不朽于金石故也。近世以来，咸铭之于碑。"（汉蔡邕《蔡中郎外集》卷二《铭论》）

其实蔡邕所说这种"昭德纪功，以示子孙"的碑石，就其内在性质而言，可以划分成很多种类，其中也包括很多普通人的墓碑，他本人就替人写过不少这样的碑文。溯其渊源关系，各类碑石中只要含有"铭"的成分，就可以说也是一种"铭"文，亦即"建碑勒铭，以旌休美"（汉蔡邕《蔡中郎集》卷二《汝南周巨胜碑》），或曰"刊石树铭，光示来世"（汉蔡邕《蔡中郎集》卷二《贞节先生陈留范史云碑》）。如清末人苏舆所云："汉世赋铭之类，叙终辄缀以词。……碑志、铭辞、纪传、论赞，亦词之支流矣。"（清王先谦《释名疏证补》卷六《释典艺》）

与钟、鼎等铜器相比，摩崖刻石亦可以"碑"该之。所谓"言时计功"与"称伐"，窦宪此番刻石的缘由也都与之契合。因而，《燕然山铭》自与"铭"的性质和形式没有什么冲突。

梁昭明太子萧统，在《文选》中编录这篇《燕然山铭》时，在标题下附加有"并序"二字。这显然是把"其辞曰"后面的这几句韵语，视作"铭"辞，此前所述，只是写在它前面的"序"文而已。略观包括碑铭在内的各种"铭"文，便可知至少有很大一部分的"铭"，形式都是如此，有"序"有"铭"。

这些"铭"辞，具体的格式，绝大多数都是四言韵语。其间也有一些"铭"辞，间或衬以像"矣"这样的语气助词，用以调节字数和文气。另外还有一小部分，如蔡邕撰写的《伯夷叔齐碑》，篇末之铭书作"惟君之质，体清良兮；昔佐殷姬，忠孝彰兮"云云，全篇"铭"辞，就是由这样八个以"兮"煞尾的句子组成。（汉蔡邕《蔡中郎外集》卷一《伯夷叔齐碑》）类似的情况还有《三公山碑》《周憬功勋铭》《景君秋八月皇帝遣使者奉犧牲以致祀〔犧鈔本作曦　祀作曦祇〕懼之敬肅如也相國東萊王章字伯義以爲神聖所興必有銘表昭示後世是以賴鄉仰伯陽〔仰字鈔本空〕之蹤〔格蹤譌　譌縱〕關民慕尹喜之風〔慕鈔本作墓〕會長史遍乾訪及士隸爲〔會鈔本作　遂樹立石紀　者非是作　本之有並非是〕遺烈俾志道者有所覽焉〔作者所鈔　本之有所〕伊王君德通靈〔通譌作道〕含光耀秉純貞〔秉鈔本作乘〕純〔譌〕應大道羨久榮〔此句下鈔本有漂長二字　長字下空一格活本作風字〕下〔案三字爲句以　恐尚有脫〕棄世俗飛神形翔雲霄霄浮太清

清咸丰二年（1852年）聊城杨氏海源阁仿宋刻本《蔡中郎集》中的《王子乔碑》

铭》，等等。（宋洪适《隶释》卷三《三公山碑》、卷四《桂阳太守周憬功勋铭》、卷六《北海相景君铭》）但若是考虑到当时的"铭"辞多为四言韵语这一通例，这实质上仍是在维持四字一顿句式的原则下，统一置入"兮"字，大的格局，并没有改变。另有一些铭文，全篇大部分文句，都是普通的四言韵语，但其中也有个别一两个句子，是像这样在末尾缀加"兮"字，如《刘脩碑》（宋洪适《隶释》卷八《慎令刘脩碑》）。这样的"铭"辞，尤其清楚地体现了这一点。

除了这种通行的四言韵句之外，东汉时还有一些"铭"辞，是写作三言韵语，如蔡邕撰述的《王子乔碑》就是这样，书作"伊王君，德通灵"云云，连续四十四个三字经式的句子。（汉蔡邕《蔡中郎集》卷一《王子乔碑》）其他如《祝睦后碑》《张寿碑》《马江碑》和《郭仲奇碑》等碑的"铭"辞，也都是这样。（宋洪适《隶释》卷七《山阳太守祝睦后碑》《竹邑侯相张寿碑》、卷八《郎中马江碑》、卷九《北军中候郭仲奇碑》）这和《燕然山铭》篇末"铭"辞的形式，完全相同。这意味着《燕然山铭》刻石的"铭"辞作三言韵文，而不像《后汉书》等传世文献的录文一样衬有"兮"字，并不是一个孤例，因而绝不会是省略"兮"字未刻。

这种"铭"文为什么都要写成四字或者三字韵文的形式，道理很简单，即便于吟诵，以广流传。这一点，我们只要看一看秦汉时期的识字课本，如《仓颉篇》和《急就篇》中的一部分内容等，即大多或四字为句的韵语，或三字为句的韵

东汉《张寿碑》残碑拓片（碑石阙失损毁严重，中为清人题跋）
（据永田英正《汉代石刻集成》）

语，直至清代社会上普遍流行的蒙学书籍《三字经》《千字文》，依然如此，就能充分理解这种形式因其朗朗上口而广泛、持久通行于世的状况。

　　不管是三言韵文，还是四言韵文，就其外在形式而言，单纯看其句型和韵律，都可以说是一种"诗"句，与同一形式的歌词，存在更为密切的内在关联。我们看西汉时期的宗庙和祭典乐曲《安世房中歌》《郊祀歌》，其歌词，也多是三言或是四言韵文（《汉书》卷二二《礼乐志》），就更容易理解，汉代"铭"辞通行的四言或三言形式，实与之一脉相连，而班固以三言韵语的形式写下这篇"铭"辞，是很自然的。

在形式上，与此《燕然山铭》非常类似、同时又密切相关的一个例证，是班固为其《汉书》各篇所做"叙录"，百篇之中，除了最后的《叙传》，用的都是四言韵语，而最后这篇讲述自己撰著旨意的《叙传》，谓之曰"凡《汉书》，叙帝皇，列官司，建侯王"云云，用的正是三言韵语。

其实《燕然山铭》石刻每行15字的镌制形式，很有可能就是依据篇末这30个字的"铭"辞来安排的。这30个字的"铭"辞，因需要提行另刻，不必与前面的序文相连，像现在看到的这样，每行15字，正好刻满两行，可以最合理地利用特地凿平的石面。这一点也可以反过来印证其"铭"辞中本不带有"兮"字，而不会是石工上石时对班固原稿有所省略。

至于《后汉书》和《文选》等传世文献中载录的《燕然山铭》何以会增衍一系列"兮"字，我想，从东汉时期的"铭"辞形式的另一种形态，也能够做出说明。

这就是东汉时期也有很少一部分"铭"辞的形式，是上三字、下三字而在中间夹以一个"兮"字，和《后汉书》《文选》载录的《燕然山铭》，完全一致。如《孔耽碑》之"君之德兮性自然"云云，《张表碑》之"於穆君兮焕流芳"云云（宋洪适《隶释》卷五《梁相孔耽神祠碑》、卷八《冀州从事张表碑》），便是如此。

从"铭"辞文体本身的发展历程来看，这种夹带"兮"字者，应是从前述三言韵句的基础上衍变而来。

如上所述，西汉宫廷的御用歌曲，其唱词，有很多就是三言韵语，而在西汉建立之初，从前朝沿袭下来的宗庙和祭典用乐，"但能纪其铿锵鼓舞，而不能言其义"（《汉书》卷二二《礼乐志》），这显然是仅有其曲而不具其词。因为只要有词，何至于司乐者竟"不能言其义"？况且《汉书·礼乐志》尚明确记载，至高祖、武帝时期，朝廷始命人为其填词觅句，尤证这些歌曲本以奏乐为重，唱词属于附庸。

这样，歌者在演唱所配置的唱词时，免不了会根据乐调的需要而拖长、转变某些词语固有的简单音节，在一些特别地方，甚至会随着曲调的节拍而增添衬字。这是我们在元代的曲子词里可以十分清晰而又相当普遍地看到的现象。以近律远，是同样的道理。

看一看刘邦得天下回归沛县老家时，"悉召故人父老子弟纵酒，发沛中儿得百二十人，教之歌。酒酣，高祖击筑，自为歌诗曰：'大风起兮云飞扬，威加海内兮归故乡，安得猛士兮守四方！'令儿皆和习之"（《史记》卷八《高祖本纪》）。这篇即兴唱出的歌词，其中的"兮"字，显然起着衬字的作用，而"大风起兮云飞扬"句，正是把"兮"字插入其上、下文各三字之间。

刘邦引吭高歌的这首《大风歌》，更加清晰地显示出《孔耽碑》《张表碑》等"铭"辞中"兮"字随曲衍生的性质（前面所说四言韵语的"铭"在句末缀以"兮"字，在一定程度上也具有同样的因素），从而进一步证实《燕然山铭》刻石中三字"铭"辞的合理性，说明《后汉书》《文选》所载《燕然山铭》的"兮"字，应当是在世间流传的过程中，因倚声唱诵而衍增，或是抄录者受到《孔耽碑》《张表碑》式"铭"辞的影响而妄自添加。

●勒凶虐兮戳海外

【核校】凶，原石拓本作"匈"。兮，原石拓本无此"兮"字。戳，《隶韵》并六臣注本、胡刻本《文选》俱作"截"。

"匈"字自可通作"凶"，所以，若是单单看《燕然山铭》原石拓本这一写法，或许只是"凶"的一种异写。不过在另一方面，鉴于这次汉军北伐的目标，是直冲着北方的宿敌匈奴，这个"匈"字就也有可能是特指匈奴。

即使是按照传世文献的写法，书作"凶虐"，这里的"虐"字也已经名词化，成为动词"剿"针对的对象，因而把"匈"字解作"匈奴"，意即"匈奴这一虐者"，在构词形式上，略似明朝人所说"倭寇"和日本人讲的"元寇"、"蒙古寇"，应该也是讲得通的。

当然，两读皆通而"诗无达诂"，这是由诗句本身的模糊性所决定的，读者尽可按照自己的理解加以解读。然而若是再多参据一些其他数据，情况有时就会变得更明朗一些，让读者有条件做出符合历史真相的抉择。

在《汉书·礼乐志》中，载录有汉武帝时期司马相如等制作的《郊祀歌》十九章，其中第十七章名《朝陇首》，词曰：

> 朝陇首，览西垠，雷电燎，获白麟。爰五止，显黄德，图匈虐，熏鬻殛。辟流离，抑不详，宾百僚，山河飨。掩回辕，䰾长驰，腾雨师，洒路陂。流星陨，感惟风，籋归云，抚怀心。

诗题下有附注云"元狩元年行幸雍获白麟作"，实际很不准确。盖汉武帝郊雍获麟，事在元狩五年（公元前118年）。（说见拙著《建元与改元》上篇《重谈中国古代以年号纪年的启用时间》）

此前一年，汉武帝命"大将军卫青将四将军出定襄，将军去病出代，各将五万骑，步兵踵军后数十万人。青至幕北围单于，斩首万九千级，至阗颜山乃还。去病与左贤王战，斩获首虏七万余级，封狼居胥山乃还"（《汉书》卷六《武帝纪》）。对于大汉皇朝来说，这是一次大胜，故在下一年出现喜获白麟这一祥瑞之后，便将二者联系起来，以为卫青等大胜匈奴，正是因应了随之出现的白麟吉瑞，而这一吉瑞正显现着汉朝的德运。《朝陇首》歌词中的"熏鬻"，是汉人对匈奴的旧称，"殛"，唐人颜师古释曰："穷也。"此役匈奴单于被围，自属"穷也"，而所谓"图匈虐"，当然是特指谋取匈奴。再来看当作普通语辞"凶虐"之义使用的"凶"字，班固在《汉书》中从未写成过"匈"，这愈加证明，《朝陇首》中的"匈虐"，指的就是匈奴。

明此可知，今《燕然山铭》原石拓本所见到的"匈虐"，正是班固特指匈奴的用法，而《后汉书》等传世文献中讹变为"凶虐"之后，已改变原意殊多。若是上溯"匈虐"这一用法的渊源，则显然是承用《朝陇首》的旧文，也可以说是藉用这一典故。

正本清源，今自宜依照原石拓本，把传世文献中的"凶虐"改正为"匈虐"。

又"兮"字应删，已如上述。

"截"，原石拓本的字形无法做出清晰的判读，似稍近《隶韵》及六臣注本、胡刻本《文选》。今姑暂从《隶韵》等，定作"截"。

另外，"勦凶虐"的"勦"字，原石拓本似无右侧"力"旁，但又似"力"字已被泐损，难以确定。还有，左侧的"巢"字，字形似乎也存在一定疑问。因都难以判明，故此"勦"字暂依旧文不动。

●夐其邈兮亘地界，封神丘兮建隆嵑，熙帝载兮振萬世。

【核校】邈，百衲本与汲古书院影印本《后汉书》字形稍异，作"邈"。亘，《隶韵》、百衲本与汲古书院本《后汉书》，以及六臣注本、胡刻本《文选》，俱书作"亘"。

三处"兮"字如上文所论，俱删。

"邈"，目前所见石刻拓本无以辨识。似可姑且暂依古本《后汉书》，改书作"懇"。

"亙"、"亘"之异虽可忽略，但仍以改从古本《后汉书》和《文选》以及《隶韵》为是，故更定为"亘"。

依据目前所知见材料，按照上文所做辨识考订，可将《燕然山铭》的全部文字，即总共291字，最大限度复原如下：

亘地界封神丘建隆嵑熙帝載振萬世
鑠王師征荒裔勦凶虐截海外夐其邈
遂封山刊石昭銘上德其辭曰
所謂壹勞而久逸暫費而永寧者也
安固後嗣恢拓境宇振大漢之天聲茲
以攄高文之宿憤光祖宗之玄靈下以
然躡冒頓之逗略焚老上之龍庭上
驗圖窮覽其山川陯涤邪跨安侯乘燕
無遺寇於是域滅區殫反斾而還考傳
然後四校橫徂星流彗埽蕭條萬里野
大漠斬溫禺以釁鼓血尸逐以染鍔
朱旗絳天遂陵高闕下鷄鹿經磧鹵
千餘乘勒以八陣涖以威神玄甲耀日
元戎輕武長轂四分雷輻蔽路萬有三
桓西戎氐羌侯王君長之羣驍騎三萬
耿秉述職巡御治兵於朔方暨南單于東胡烏
王室納于大麓惟清緝熙洒與執金吾
有漢元舅曰車騎將軍竇憲寅亮聖皇登翊
惟永元元年七月

上面对《燕然山铭》的辨识和解读，是在条件很不充分的情况下所做的初步尝试，自然会存在很多的瑕疵和遗憾。但我相信，这样的工作，是具有积极意义的。这是因为即使条件再充分，人们对历史事物和历史问题的认识，也只能是一个渐进的过程。在对远古历史的研究中，很难有完美的终结者。向社会公布上述粗浅认识，可以让关心这一重大发现的各方面人士，及时了解我的思考和探索，为那些富有学识的学者深入研究相关问题，提供一点点参考，这总不是什么坏事。

最后需要稍加说明的是，有些人或许觉得，与《后汉书》和《文选》载录的传世文本相比，《燕然山铭》刻石体现的文本差异，特别是文字字形的异同，并没有多大价值，无须如此郑重其事地加以考究。对此，我想简单谈谈自己的想法。

首先，我在关于《燕然山铭》的第一篇"漫笔"中，开宗明义，就已经讲到，由于在《后汉书》和《文选》中都收有这篇铭文的全文，所以总的来说，它并没有带给我们一项全新的史料，因而不宜过分夸大其学术价值。

然而在另一方面，历史研究的魅力和价值，往往就在细节当中。西洋人的成语，说魔鬼在细节之中。我在学习历史知识的过程中，却时时都会感受到，上帝的灵光正是透过细微空隙而闪现。即便是看似可此可彼的两个同义文字，譬如"畺宇"与"境宇"，但一个是班固在燕然山下写定的原始形态，一个是后世有意无意的改写，揭示这种差异，除了会为具体的古籍校勘提供确切的依据外，我们还应该看到，这种差异本身，就是古代典籍文本演化的重要内容，这就是历史在流动过程中所呈现出来的一个侧面，这就是摆在我们面前的历史真身，既不容忽视，更不容蔑视。

2017 年 9 月 3 日晚记

第四篇
《燕然山铭》刻石的文字出自谁人之手

一、想当然的说法

在我的"《燕然山铭》漫笔之三"《〈燕然山铭〉的真面目》这篇文稿中，依据目前有限的条件，尽最大努力，对这篇铭文，做了初步的复原。我谈到，通过这一工作，可以最大限度地接近班固原稿写定本的形态。

或以为班氏既与操刀锓石者同在燕然山旁，那么，就很有可能是由他直接动笔，写在石上，亦即"书丹"于崖壁，再由刻工依样雕凿。如此一来，今天我们看到的摩崖石刻，就成了班固的手迹，就成了最最可靠的亲笔"写本"。

史料价值的大小姑且不论，仅仅就古物的艺术品价值而言，这就像后世镌刻名人"法书"于碑版一样，若是通过这一刻石使我们得以目睹大史学家班固留下的字迹，当然引人瞩目。

窃以为这样的说法，只是一种很浮泛的说辞。由于班固这篇《燕然山铭》就写在窦宪军中，当时当地，当然也就可以由他本人直接移写上石，这是显而易见的，谁都想得到，无须专家者流来做专门的表述。然而，我们若是稍加思索，就会发现，这种直观的生理感觉并不具有太大意义，也不一定符合实际情况，而且还有些过于想当然了。在学术研究领域，想当然的说法，不管是对是错，其实都不具备学术的价值。学术研究，需要的是切实的论证，而不是空泛的议论。

稍有一点儿文化的人都知道，唐代以后，在刊刻碑石时，会比较普遍地延请书法名家上手。若是按照这一情况来逆推的话，当年窦宪指使人刻制《燕然山铭》时，班固似乎应该是书字上石的合适人选。

按照唐人张怀瓘在《书断》一书中的说法，班固除了以辞章著述知名于世外，在书法方面，确实也还颇有造诣。不过班固所擅长的，并不是《燕然山铭》刻石上镌刻的普通汉隶，而是以大篆、小篆而被张氏列入神品、妙品、能品三等级书法名家中最下一等的"能品"，并具体描述说，班固"工篆，李斯、曹喜之法，悉能究之"，终"以大、小篆入能"。（唐张怀瓘《书断》卷下）

当然，这种篆书艺术水平，是作为名世长技而载入书法史册的。班固生活在东汉时期，绝不可能提起笔来就写大篆、小篆而不会写一个当时通行的隶体字。

在《汉书·艺文志》里，班固对古今字书颇有一番论述，有意思的是，竟然把自己也写到了里面（《汉书》不像《史记》那样是贯穿古今的"通史"，它是一部"断代史"，只写西汉一朝，不写班固身处的东汉）：

> 《仓颉》七章者，秦丞相李斯所作也；《爰历》六章者，车府令赵高所作也；《博学》七章者，太史令胡母敬所作也：文字多取《史籀篇》，而篆体复颇异，所谓秦篆者也。

> 是时始造隶书矣，起于官狱多事，苟趋省易，施之于徒隶也。汉兴，闾里书师合《仓颉》《爰历》《博学》三篇，断六十字以为一章，凡五十五章，并为《仓颉篇》。武帝时司马相如作《凡将篇》，无复字。元帝时黄门令史游作《急救篇》，成帝时将作大匠李长作《元尚篇》，皆《仓颉》中正字也。《凡将》则颇有出矣。至元始中，征天下通小学者以百数，各令记字于庭中。扬雄取其有用者以作《训纂篇》，顺续《仓颉》，又易《仓颉》中重复之字，凡八十九章。臣复续扬雄作十三章，凡一百二章，无复字，六艺群书所载略备矣。

文中写到的"臣"，就是班固本人的自称。盖班固最终纂就《汉书》，乃明帝永平时受诏所为，章帝建初年间进呈御览

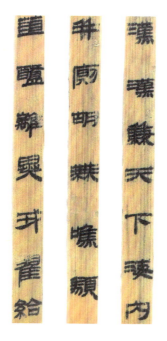

北京大学藏西汉竹书中的《仓颉》简

（《后汉书》卷四〇上《班固传》），故自谓曰"臣"。

从《汉书·艺文志》的上下文义来看，秦丞相李斯的《仓颉》等字书，应是篆体，而至汉代，应是采用了秦时开始兴起的隶书，不过《汉书》没有直接的表述而已。后来唐人张怀瓘曾指明对汉代的这类字学书籍"皆用隶字书之"（唐张怀瓘《书断》卷上），今所见出土汉简中的《仓颉》，皆属隶书写本，可以实际证明这一点。

尽管像《仓颉》这些字书重在字形结构，而不是书法艺术，但当然也需要尽可能写出精当美观的标准字体。在另一方面，班固既精于篆书而又对隶书的字形结构有系统的研究，自然不会写不好当时广泛通行的这种隶书。简单地说，班固充分具备了写字上石的书法技艺。

二、低下的贱役

可是具备这方面的能力，并不等于他就一定会这么做。研究历史问题，不能简单地以今律古。对此，还是要做具体的考察。我们需要看看，在汉代，通常是由哪些人来干这样的"勾当"。

汉代不管是摩崖刻字，还是造碑铭文，其书写文字上石者，在绝大多数情况下，都并不注记姓甚名谁。盖如近人柯昌泗所云："古者士大夫视书丹为劳役，传记韦诞、王献之事，及《颜氏家训》所言，不似后代名家汲汲以此为事也。汉《樊敏碑》为石工刘盛息憕书，新出《颜文羽画象》，即题曰使石工书，此类恐尚不少。"（柯昌泗《语石异同评》卷六）

柯氏举述的这些士大夫耻于为人写榜书碑的事例，其中如曹魏韦诞事，乃云其不得不被高高吊在凳子上为朝廷新成大殿题榜，以致"须鬓尽白，裁余气息。还语子弟，宜绝此法"（《晋书》卷八〇《王献之传》）；《颜氏家训》的相关论述则为："王褒地胄清华，才学优敏，后虽入关，亦被礼遇。犹以

明末刻本《颜氏家训》

书工，崎岖碑碣之间，辛苦笔砚之役。尝悔恨曰：'假使吾不知书，可不至今日邪？'"（颜之推《颜氏家训·杂艺》）单纯就书碑上石而言，从更深一层讲，这种屈辱感，应是源自书碑上石本是一项很卑贱的职事，因而被人吆喝着去做，心里自然很不舒服。

汉碑中虽偶尔见有镌刻书字者姓名的，例如《武斑碑》题署的"纪伯允书此碑"，由于其上下文在宋代即颇有泐损，具体情况已不甚清楚。（宋洪适《隶释》卷六《敦煌长史武斑碑》）不过《衡方碑》篇末镌有"门生平原乐陵朱登字仲"（宋洪适《隶释》卷八《卫尉衡方碑》）字样，柯昌泗以为亦书碑者题名，并评述其性质云："是以门生表敬，非为书名也。"（柯昌泗《语石异同评》卷六）类似的情况，其署名更为清晰者，则有叶昌炽考证清楚的《郙阁颂》书手，乃镌作"故吏下辨仇绋字子长书"（清叶昌炽《语石》卷六）。所谓门生、故吏，时人一向相提并论，性质等尔。若是依此类推，诸如"纪伯允"者，恐怕同属门生故吏者流，同样出于表其风义的缘故。

即使是这些表现礼敬风义的门生故吏，社会地位也都比较低。桓帝延熹八年（165年）京兆尹袁逢、孙璆主持刊刻的《西岳华山庙碑》，末镌"京兆尹敕监都水掾霸陵杜迁市石，遣书佐新丰郭香察书，刻者……"云云，所谓郭香"察书"，亦即督察上石的文字书写得是否准确得当。（宋洪适《隶释》卷二袁逢《西岳华山庙碑》，又同人《隶续》卷五《碑图》上）按照常理推测，碑石书手的地位，自然要比这位郭香的郡衙"书佐"还要更低一些。

那么，汉代这些书写碑文上石的人，在一般情况下，其社会地位又会低下到什么程度呢？这通过《樊敏碑》可以大致窥知一二。《樊敏碑》末题："建安十年三月上旬造。石工刘盛息懆书。"所谓"刘盛息懆"，洪适以为乃"刘刻其石而厥子落笔也"（宋洪适《隶释》卷一一《巴郡太守樊敏碑》，又同人《隶续》卷五《碑图》上）。其时已至东汉末年，而石工老爹刘盛刻字，儿子刘懆先行录文上石，儿子的地位自然不会比他爹更高，同样是低贱的匠人而已。我想，有汉一代碑

袁逢《西岳华山庙碑》拓片局部

刻的书手，大多应该都是这样。例如，在东汉末期灵帝中平三年（186年）刻石的《荡阴令张迁碑》上，有句谓"张是辅汉，世载其德，爰暨于君，盖其缠绠"云云，其中的"暨"字，竟被书手误将一字分离成为"既且"两字，另有"政"字也被误书作"畋"字（清王念孙《读书杂志》之《汉隶拾遗》"荡阴令张迁碑"条），可知必然是出于寡学胥吏或是治碑匠人之手。至于后世好事者所说蔡邕、钟繇书写的各种碑石，洪适早就做过清楚的辨析，以为"凡非出于本碑者皆不足信也"（宋洪适《隶续》卷五《碑图》上）。

《荡阴令张迁碑》拓片局部

三、班固不是干那事儿的人

在这一背景下，我们再来看《燕然山铭》的书手问题。

首先，就算是班孟坚的铁杆儿"幡司"（fans），也不大可能尊奉他为镂石成文的祖师爷。因为古代士大夫殊少有人会去做这种下等小民赖以为生的手艺，班固没有操弄刻刀的才艺，这篇铭文也就不大可能是班固雕凿出来的东西。既然如此，也就意味着军中另有刻石的工匠。

班固本是文人，腰悬刀笔出征，随时听命，为窦宪撰著这篇铭文的文稿，似乎是很自然、也很正常的事情，但刻石的匠人身携雕凿崖壁的工具走上锋镝纷飞的战场，就很有些不同寻常了。——这意味着一种刻意的安排。

考虑到窦宪此番出征本来是出于邀功赎死的卑劣盘算，而北匈奴当时业已衰弱不堪一击，大获全胜是意料之中的事情（关于窦宪此番北征的缘由和意义，我将另文阐述），那么，窦氏为了夸耀自己的战功而预先做好刻石铭文的准备，既特地征召去官家居的大文人班固随之出征，以帮助自己撰著文稿，同时也预备好每一道刻石工序所需要的匠人，包括书写铭文上石的工匠和动刀刻石的工匠，就是再自然不过的事情了。

基于这样的认识，我想有理由推断，窦宪的军中，也带有迻写文稿上石的匠人，专门从事同刘盛老爹的儿子刘惔一样的劳役。

从班固一方的情形来看，他的家族，是西汉以来的官宦世家，同时子继父学，也可以说是诗书传家，颇以"二世才术"自负。从少年时起，班固就"能属文诵诗赋，及长，遂博贯载籍，九流百家之言，无不穷究"，后以文辞，深蒙宠幸。在这次随从车骑将军窦宪出征之前，仕职玄武司马，秩比千石，已晋至相当的位阶。至此番从军北伐，乃被窦宪擢任"中护军"之职，更秩尊二千石，属于地地道道的"高干"，大概这也是窦宪军中地位最高的幕僚了。(《后汉书》卷四〇下《班固传》。司马彪《续汉书·舆服志》下刘昭注引《东观书》，即《东观汉纪》)

以这样高的地位，班固又如何放得下身段去亲行匠人之事？怎么看，他也没有一定要去执此贱役的道理。再看看刊刻《燕然山铭》的石壁，也挺老高的，班固这时也五十大几，快奔六十的人了，爬到半空中的架子上去挥毫作墨，要冒一定风险，这就更不大有可能让他去迻写铭文了。再说，从现在获取的原石拓片上，我也看不出其字迹在书法艺术上有什么特别的高妙之处，足以让我把它和班固的大名联系到一起。

那么，《燕然山铭》刻石的文字到底出自谁人之手呢？具体的书手是谁，我也没办法知道，不过他应该是一位普通的匠人，或者是地位很低的文人，不过班固所称"闾里书师"者流；至少如上所述，我有理由相信，这个人不可能是班固他自己。

2017 年 8 月 29 日晚记

第五篇
登高何处是燕然

诗曰：

登高何处是燕然？极目关山塞草连。
落日几峰寒带雪，西风一雁冷横天。
冬居冰谷赖酮酒，夜宿沙堤借草毡。
为向中州豪杰道，天涯如此过年年。

冻折瑶琴三两弦，起来孤坐忆成连。
可堪此世成何事，了却生平莫问天。
门外共传三尺雪，帐中赖有四围毡。
遥思千古功名辈，回首西风不记年。

这两首诗的作者，是元人耶律铸，出自其诗集《双溪醉隐集》卷三，题为《谨用尊大人领省龙庭风雪诗韵》。诗中的"燕然"，从字面上讲，说的当然就是燕然山。其字面之下更实际的语义，则是以"燕然"代指《燕然山铭》；或者更清楚地说，是以"燕然山"来作为建功立业的表征。这样做的缘由，便是《燕然山铭》铭记的窦宪北征并扫灭匈奴的业绩。

耶律铸字面上写出的燕然山到底在哪里，这是一个很实在的历史地理问题，而由《燕然山铭》带给燕然山的政治象征意义，到头来又把这座山的所在弄得扑朔迷离。

说起《燕然山铭》刻石的发现，除了校订铭文的文本之外，其最大的学术价值，就是确定燕然山的位置了。

如上所述，燕然山的地理位置，是个实实在在的地理问题，说简单是一件很简单的事儿：一个古代的地名，能弄清楚更好；实在弄不清楚，也没什么大不了的。不过要说复杂，也确实有些复杂：它关系到我们对古代中国北方草原地带总体地理形势的理解，特别是军事地理格局的把握。弄不清楚相关的空间场景，就无法知悉古代中原王朝与北方草原政治势力之间相互对峙和争战过程中的一些关键地理因素。

一、确凿的记载与混沌的注释

在中国史籍中，尽管先秦古书《穆天子传》中即见有所谓"燕然之山",但这个"燕然之山"地在"河水之阿"(《穆天子传》卷一),也就是黄河的岸边,与窦宪北征所至者自然不是同一座山。

与窦宪北征相关的"燕然山",其名首见于《汉书·匈奴传》。这里讲的是前汉的史事,这座山是汉武帝时的贰师将军李广利兵败投降匈奴的地方。《汉书·匈奴传》文曰:

> 贰师将军将出塞,匈奴使右大都尉与卫律将五千骑要击汉军于夫羊句山狭。贰师遣属国胡骑二千与战,虏兵坏散,死伤者数百人。汉军乘胜追北,至范夫人城,匈奴奔走,莫敢距敌。会贰师妻子坐巫蛊收,闻之忧惧。其掾胡亚夫亦避罪从军,说贰师曰:"夫人室家皆在吏,若还不称意,适与狱会,郅居以北可复得见乎?"贰师由是狐疑,欲深入要功,遂北至郅居水上。虏已去,贰师遣护军将二万骑度郅居之水。一日,逢左贤王左大将将二万骑,与汉军合战一日,汉军杀左大将,虏死伤甚众。军长史与决眭都尉辉渠侯谋曰:"将军怀异心,欲危众求功,恐必败。"谋共执贰师。贰师闻之,斩长史,引兵还。至速邪乌燕然山,单于知汉军劳倦,自将五万骑遮击贰师,相杀伤甚众。夜堑汉军前,深数尺,从后急击之,军大乱,败,贰师降。

不过从唐朝初年人颜师古的《汉书》注中可以看出,一直到这时为止,东汉以来那些注释《汉书》的学者,都还没有人

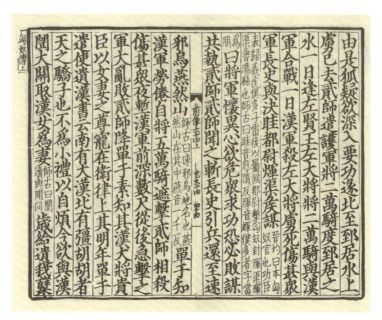

《中华再造善本》丛书影印宋蔡琪家塾刻本《汉书》

能够指明燕然山的所在，颜师古对此同样一无所知，只是很含混地勉强随文敷衍说："速邪乌，地名也，燕然山在其中。"

颜师古提到的这个"速邪乌"，显然是一个出自匈奴人之口的地名。"燕然山"的"燕然"，也应该是匈奴语的音译。前文所说《穆天子传》中的"燕然之山"，则应该是汉语地名，故此燕然非彼燕然，二者语义完全不同。

东汉和帝永元初年窦宪率军北征，击败北匈奴军队后，北匈奴西迁（留在漠南汉朝边地的南匈奴则逐渐定居汉化），致使鲜卑人成为北方草原的新主人。鲜卑人应该也是沿用了"燕然"这一山名，所以在《魏书·蠕蠕传》里还可以看到"燕然山"这一名称。后来北方草原相继为柔然（即蠕蠕）和突厥所有，时移世变之后，内地中原的书生，实在难以弄清当年这些化外异族所说的地名、山名到底是在哪里。所以，较颜师古注《汉书》稍后，章怀太子李贤率人注释《后汉书》，竟对《窦宪传》中"燕然山"这个重要地名未着一语。这显示出颜、李二人在这样的社会背景下，实在无从查找到相关的资料。

相关的情况，还有《旧唐书·北狄传》记载说，贞观二十一年（647年），"契苾、回纥等十余部落以薛延陀亡散殆尽，乃相继归国。太宗各因其地土，择其部落，置为州府：以回纥部为瀚海都督府，仆骨为金微都督府，多览葛为燕然都督府"（《旧唐书》卷一九九下《北狄传》下）。这个"燕然都督府"的名称，显然与燕然山相关，可是这并不等于当时对燕然山的所在还有很清楚的认识，恐怕只是大致在漠北草原上藉用其旧名而已。又《新唐书·地理志》所记关内道回纥羁縻州有"燕然州"，侨治回乐县；河北道突厥羁縻州顺州辖有燕然县，侨治阳曲县。（《新唐书》卷四三下《地理志》七下）看起来这些以"燕然"为名的州县似乎都与燕然山有所关联。对此，清人沈涛早已指出："是皆非燕然而冒燕然之名。"（清沈涛《瑟榭丛谈》卷上）即不过是因其部族旧地处于燕然山所在的北方草原而据以命名而已。其他还有一些类似的情况，甚至后世还颇有流于荒唐的附会，在这里就不予赘述了。

二、作死的海上之盟

再往后，到了宋代，北疆的范围，大幅度南缩，距离李广利、窦宪等人当日足迹所至的地方更加遥远，对燕然山的印象自然愈加黯淡。

宋人重文抑武，北边迭遭异族侵逼，可谓节节败退。有意思的是，似乎正是因为宋人自己衰弱，导致很多人刻意追忆昔日大汉王朝的皇皇武功。在这种情况下，窦宪铭刻燕然山石，也就成了汉人耀武扬威的一个重要标志；或者用时下时髦的词儿来表述：是一个标志性的"符号"。

如果说范仲淹吟咏"燕然未勒归无计"，还有很多自我激励的成分在内的话，那么，我们看《宋会要》中如下一段记载，恐怕更多的就是沉湎于"意淫"幻想的自我陶醉了：

> 宣和四年十月五日诏："燕京，古之幽州。武王克商，封邵公奭于燕，以燕然山得名。汉置涿郡，唐武德元年改燕州，天宝元年改幽州。旧号广阳郡。有永清军节度。燕京宜改为燕山府。"（《宋会要辑稿》之《方域》五之三五）

或许有人会说：大宋道君皇帝这篇诏书，平平常常，不过是

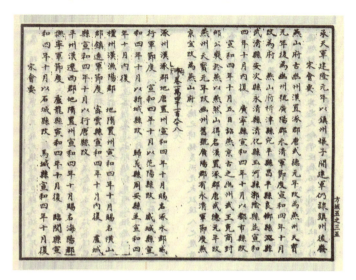

中华书局影印清写本《宋会要辑稿》

改个地名和政区设置而已，何来"意淫"之讥呢？诸君莫急，且听我慢慢道来。

徽宗诏书提到的这个"燕京"，其实并不是他们赵家自己的设置，而是契丹耶律氏的"南京"。这个"南京"，辽人亦曰"燕京"。虽然说赵家和耶律家这两家的当家人是正式换过帖子的拜把子兄弟，但也不能像这样越俎代庖去替人家体国经野，擘画江山。

那么，宋徽宗又何以会颁下这样一道诏书呢？原来他在赏玩奇石、舞弄书画之余，突然雄心勃发，想要干一番类似汉武帝"大并天下"那样的事业，这就是恢复后晋石敬瑭时期失去而经宋真宗景德元年（1004年）澶渊之盟确认的所谓"燕云十六州"等华夏故土。（其实所谓石敬瑭进献给契丹的燕云十六州，其中有些州在这之前已为契丹所有，对于这些地区来说，石氏所为，不过是承认既有事实而已。又澶渊之盟所定宋辽疆界范围，较当初的燕云十六州地已有所出入，例如在所谓"山前"地区，瀛、莫二州归入宋土，而契丹军队在这次结盟之前已经新占有易州，此时便被确认为辽的疆土。）于是，派遣使者从山东半岛的登州乘船北上辽东，与女真人相约，南北夹击，合力攻辽，时称"海上之盟"，也就是海边儿上达成的军事协议。

从表面上看，庙算神谋，煞是了得，自唐末以来就内侵夏土的契丹大辽王朝，在宋金双方的强力进攻下，很快就被彻底击垮。然而辽亡并不等于就是宋兴宋盛，自己的国事没整明白，仅仅靠四下里舞枪弄棒，绝不会有什么好果子吃。最终的下场，往往比安安稳稳地混日子会更加凄惨。

首先，从大的政治形势来说，澶渊之盟以后，直到宋徽宗时期，一百多年来，宋辽两国大体相安无事，时人称"是时国家与契丹盟好百余年，边防无犬吠之声，耆老白首不闻兵革之音"（宋徐梦莘《三朝北盟会编》卷一七），一派安宁祥和的景象。宋廷根本没有必要强行出兵，打破这一安稳的局面。

一个国家，一个政权，其所统辖的疆域，自古以来，就没有恒定不变的界线，而一直处于伸缩进退之中。对于古代社会的普通民众来说，边界线哪一边儿，也没有人民大救星共产党，当政者也就都不是什么好东西。不管哪一家人当皇帝来统治自己，安居静处，最可宝贵。但秦皇汉武式的暴君，却最喜欢开疆拓土，以奴役更多的生民。

宋徽宗恣意毁坏百余年来的和平局面，"师出无名，人不效命，人情烦恼，中外不安"（宋徐梦莘《三朝北盟会编》卷一七）。不拘胜负如何，带给人民的终究是前所未有的灾难。即以战争的经济负担而言，史称当时系"悉出河北、河东、山东之力以馈给之，才一年而三路皆困。盖科配既大，道阻且长，率费十余石至二十石始能致一石于燕山。民力不堪"，不得已，徽宗下诏曰："自燕、云之复，两河、京东屡经调发，民力已疲。若不假诸路之力，其何以济？可措置调夫，京西八万，淮南四万，两浙六万五千，江南九万七千，福建三万五千，荆湖八万八千，广南八万三千，四川十七万八千，并纳免夫钱，每夫三十贯，委漕臣限两月足，违依军法。"经过好一番折腾，"遍率天下，所得才二千万缗，而结怨四海矣"。（宋陈均《宋九朝编年纲目备要》卷二九徽宗皇帝宣和六年六月）好端端的日子不过，没事儿找事儿，就是视天下苍生为寇仇，怎能不与之结下深深的怨恨？

赵家人当然不会理会平民百姓的苦乐，然而就宋朝皇帝自身的实际利益而言，灭掉契丹，也是一个极不明智的选项。对于这一点，中书舍人宇文虚中在宋金密谋取辽之初，就一针见血地向徽宗进言说：

中国与契丹讲和，今逾百年，间有贪婪，不过欲得关南十县而止耳；间有傲慢，不过对中国使人稍亏礼节而止耳。自女真侵削以来，向慕本朝，一切恭顺。今舍恭顺之契丹，不封殖拯救，为我藩篱，而远逾海外，引强悍之女真以为邻国，彼既籍百胜之势，虚喝骄矜，不可以礼义服也，不可以言说谕也。视中国与契丹，挈兵不止，鏖战不解，胜负未决，强弱未分，持卞、庄两斗之说，引兵逾古北口，抚有悖桀之众，系累契丹君臣，雄据朔漠，贪心不止，越逸疆围，凭陵中夏。以百年怠堕之兵而当新锐难敌之虏，以寡谋持重、久安闲逸之将而角逐于血肉之林，巧拙异谋，勇怯异势，臣恐中国之边患未有宁息之期也。譬犹富人有万金之产，与寒士为邻，欲肆并吞以广其居，乃引强盗而谋曰："彼之所处，汝居其半；彼之所畜，汝取其全。"强盗从之。寒士既亡，虽有万金之富，日为切邻强盗所窥，欲一夕高枕安卧，其可得乎！（宋岳珂《桯史》卷九"燕山先见"条）

后来局势的发展，完全验证了宇文虚中的预见，女真人不仅取而代之，据有契丹旧境，而且进一步挥兵南下，占领全部黄河流域，连道君皇帝父子两代君主也被一同掳获而去，并最终命丧塞外，赵宋王室则不得不偏安于钱塘江畔。这正应了时下流行的那句俗语：不作不死。后来宇文虚中因奉使金国而被羁留仕官，在北朝尝有诗句云"当时议论不能固，今日穷愁何足怜"（元元好问《中州集》卷一宇文虚中《己酉岁书怀》），似即就此发出的感叹。

三、办砸了的交易

面对国家生死存亡的大事，竟是如此颠顶，怪不得宋亡后元朝有人评价赵佶，说"徽宗多能，惟一事不能"，盖"独不能为君尔。身辱国破，皆由不能为君所致。人君贵能为君，它非所尚也"。（《元史》卷一四三《巙巙传》）和后来诸多蠢猪笨熊式的帝王相比，对于这样一位风流儒雅的天子来说，这话讲得未免有些刻薄，元朝人还有比这稍微宽厚一点儿的说法，乃谓其书画诸艺虽过于常人，但正是因为"见其善于此，则知其不善于彼"（元周南瑞《天下同文集》前甲集卷三三徐琰《跋徽宗御书》）。事实上，宋徽宗不仅不具备人主所需的高识远见，就连所谓私智小慧也未必灵光。

所谓"海上之盟"，不仅有协调出兵的计划，更重要的是还有分赃的办法。在同女真人具体协商灭辽之事的过程中，宋徽宗把事儿也办得脱落反障（德勇自注：东北拟态土语，读为 tú lu fǎn zhàng，用家乡现在的通行说法来表述，大意即"没整明白"）。

这件事的大致经过，是在政和年间的时候，宋徽宗受宦官童贯怂恿，萌生灭辽之意。于是，先委派童贯等出使辽国，以窥探虚实。童贯回国的时候，带来一位卖身投靠的辽国大臣，本名马植。因其极言契丹"万民罹苦，辽国必亡"，因而劝徽宗能"念旧民遭涂炭之苦"以"复中国往昔之疆。代天谴责，以顺伐逆"，若然，则"王师一出，必壶浆来迎"。（宋徐梦莘《三朝北盟会编》卷一）这些话当然很是契合宋徽宗取辽的意向，遂大蒙赏识。先是被赐以新名"李良嗣"，接着又被宋徽宗认作赵家人，再赏赐给他一个皇族的姓氏。这样，摇身一变，他就成了"赵良嗣"。

如上引宇文虚中所言，他的这些想法明显违逆大理。后来的事实证明，不是自己亲生的孩子就是不行，马仔也终归还是马仔，不仅成不了赵家的"良嗣"，因他这一番胡言乱语加热了宋徽宗本已发热的脑袋，还差点儿断绝了天水龙种；至少列朝祖坟连同半壁江山的丢失，都与这小子的馊主意和蒙人瞎话脱不了干系。当然，《宋史》把他列入《奸臣传》是很不公平的，赵良嗣说的对不对是一回事儿，但"听不听则在乎庙堂之持议也"（清赵翼《廿二史札记》卷二四"赵良嗣不应入奸臣传"条）。关键，还是宋徽宗自己不识时务。

宣和二年（1120年）二月初至九月初之间，这位赵良嗣怀揣着宋徽宗的亲笔信，以买马为名，偷偷出使女真，交换南北夹击契丹的利益和条件。在与女真讨价还价的过程中，赵良嗣"出御笔与金主议约，以燕京一带本汉旧地，约夹攻契丹取之"（宋杨仲良《皇宋通鉴长编纪事本末》卷一四二《金盟》上）。我理解，这实际上就是宋徽宗的开价，而如此重大的事宜，赵佶讲得却是稀里糊涂。

澶渊之盟以后，宋辽之间，在华北平原上大体以白沟一线为界，在当初的燕云十六州故地，除去已经归入宋朝的瀛、莫两州之外，其余属于契丹的十四州地，可分为山前、山后两片区域。这里所说的"山"，是指今太行山，山后为云、朔、寰、应、蔚、武、新、儒、妫九州，山前为幽、蓟、檀、顺、涿五州。辽在山后九州，对政区设置颇有改易，而大体以西京大同府为重。在山前地区，设置南京析津府，而在圣宗开泰元年（1012年，值北宋真宗大中祥符五年）又号曰燕京，除旧有的幽、蓟、檀、顺、涿五州之外，西邻山后，另有一易州，是在辽圣宗统和七年（989年）亦即宋太宗端拱二年时归为辽土的。不过在宋辽分界的白沟一线以北，燕山以南，靠近渤海一侧，辽国还另有平、滦、营三州，不归燕京析津府管辖。（《辽史》卷四〇《地理志》四、卷四一《地理志》五。《金史》卷二四《地理志》上）

宋徽宗亲以"御笔"索取的"燕京一带"，讲得很不清楚，但"燕京"是契丹人的设置，金太祖完颜阿骨打显然把它理解成了辽燕京析津府的辖地。在契丹"土疆皆我所有"的前提下，考虑到正与宋朝"通欢"，完颜阿骨打很爽快地给了宋徽宗一个面子，答应要把燕京属地"特与南朝"，并且信誓旦旦地保证，即使在双方进军过程中契丹要同女真讲和，

欲得百萬緡良嗣往復辯論未決遣良嗣歸良嗣至雄州以驛
書聞　詔許之亦許交歲幣再遣良嗣至軍前阿骨打大喜遂
議塗中地阿骨打云我增百萬緡　南朝一言不辯今求西京
何許拒之遂遣盜述割慶刺撒盧毋寗趄豈來姜盧益趙良嗣
馬擴報聘元室云定近有燕京職官趙溫訊李處能王碩
儒韓昉等來南須先以見還可議交燕月日良嗣論宣撫司以
趙溫訊等與之乃得其班書以擅順涿易燕六州來歸燕之
金帛子女職官人民皆卷而東　朝廷捐金帛數百萬計所
得者空城而已于時議者以六州之地無險阻可守不曾分立
界至歲輸之物有自二廣江湖死轉運至京師自京師運至河
比自河北運入燕貝運至薊州界首韓城鎮交割僅萬里必
不能以時至天下之禍自此起矣既交燕畢阿骨打出居庸關

台北影印南宋眉山程舍人宅刻本《东都事略》

重修旧好，"亦须以燕京与尔家，方许和"。够仗义了吧，说给你燕京，就给你燕京。可是，西部山后的汉人旧地呢？东部的平、滦、营三州呢？宋徽宗似乎没整明白这些地区的统辖关系，所以根本没提。

宋朝若是仅有燕京六州，那么，其地本"无险可守"，东西两侧又都是女真人的疆土。山后云州诸地，居高临下；濒海的平、滦、营三州留在金人之手，按照宋人的说法，乃如同"扼吾之咽喉尔"，盖"营、平者，当榆关路，地平无山川之阻，非若古北口、居庸关之比，且近女真"。（宋徐梦莘《三朝北盟会编》卷一六）这样一来，那区区燕京之地岂不犹如一双巨鳌间浮游的小虾米，随时都会成为人家口中的美食。故宋人议之曰："天下之祸自此起矣。"（宋王称《东都事略》卷一二五《附录》三《金国》）

皇帝老子是不是仔细考虑过他说的"燕京一带"究竟意味着什么，小马仔赵良嗣自然不敢置疑，也不宜多嘴乱问，但照本宣科传达了主子"御笔"书写的要求之后，赵良嗣明显感到势头不对——女真人不会交给宋朝山后地区与平、滦、营三州。他回去是要交差的，总得把自己该说的话说个明白。

于是，他赶紧补救，竭力争取金人给予山后西京汉地及平、滦、营三州。结果，完颜阿骨打勉强答应将来有条件地予以宋西京诸地，同时十分坚决地拒绝了他对平、滦、营三州的请求。（宋杨仲良《皇宋通鉴长编纪事本末》卷一四二《金盟》上）此后双方反复争持，直到最后，宋人也只是在宣和五年（1123年）四月，才得到了辽燕京析津府区区六州之地（从实际名义上看，其中还应包括辽人从蓟州分设出来的景州），而宋朝除了要向金国给付原来送给契丹的"岁币"银二十万两、绢三十万匹之外，还要新支付给女真燕京析津府辖地的租税钱一百万贯。（宋徐梦莘《三朝北盟会编》卷一五）同时，燕京之"职官、富民、金帛、子女先被金人尽掠而去"，宋朝"所得者空城而已"。（《宋史》卷二二《徽宗本纪》四。宋王称《东都事略》卷一二五《附录》三《金国》）

完颜阿骨打对赵良嗣提出的其他索求置若罔闻，根本的原因在于女真人迅速崛起之后，对辽作战，所向披靡，自以为有没有宋人协同作战，它都要灭掉契丹政权，只不过是时间稍早一些或是稍晚一些的问题。就在这次赵良嗣出使女真期间的宣和二年（1120年）五月，完颜阿骨打正率兵攻打辽上京临潢府，特命赵良嗣和辽使萧习泥烈跟从观摹，谓之曰："汝可观吾用兵，以卜去就。"结果从早晨发兵攻城，还没有到吃午饭的时候，守城官员就举城出降，而赵良嗣等在震慑之下，只能乖乖地"奉觞为寿，皆称万岁"。（《金史》卷二《太祖纪》）

就在与女真人讨价还价的胶着争执当中，宋徽宗一看燕京六州之外的土地已经难有指望，为了彰显联金制辽这一决策的英明，只好努力张扬光复燕京的业绩，用以欺人欺世，但实际上只是自己欺骗自己，稍稍释放一下演砸了场子给心头造成的巨大压力（当然，到头来还是得自作自受）。于是，就出现了前文所说《宋会要》记载的情况：在金兵、宋兵谁都还没有进入燕京的宣和四年（1122年）十月五日，宋徽宗大模大样地宣布，把辽人的"燕京"改为"燕山府"。

沦陷于异族多年的故土，一旦重归华夏怀抱，去掉戎狄伪名，这本来是例行的政务，改地名这事儿，本身并不值得大惊小怪。不过顺便说一下，若是秉持当代欧美学人"政治正确"的观念，这也是多此一举的事情。契丹人也是人，况且还是地地道道的大汉兄弟民族，与皇宋缔约结好一百多年，没有必要非去更改人家正用着的名称不可。你看现在，不管是京城小饺子馆里必备的燕京啤酒，还是国子监中培养世界领导人的燕京学堂，这些名号也都用的堂堂正正，四海一家亲，有什么不好？

四、亡国的意淫

耐人寻味的是，宋徽宗新定的"燕山府"这个名称。从表面上看，这似乎也没有什么特别的。譬如北宋就有衡山县、庐山县等，可见以山名来命名行政区域，本是一种很通行的做法。假如不做特别的解说，也就没有什么人能够领悟其中的奥妙，而宋徽宗既然耗费心机选用这个特别的名称，也就自然会做出必要的说明，这就是他在诏书中讲的：邵公奭受封之"燕"乃是"以燕然山得名"。换句话来说，所谓"燕山府"，也就是"燕然山府"。

这样一讲，人们也就容易理解了，大宋道君皇帝此番更改政区设置的名称，其意不在摒去辽伪京之旧称，而在乎拉出《燕然山铭》也！——把"燕京"改成"燕山府"，也就等同于勒铭"燕然山"了！是他，指挥大军即将攻入"燕然山"下的"燕京"，再现窦宪当年的辉煌。政治象征意义如此重大，宋徽宗怕俗人看不明白，又提起御笔，亲手为其书写府名，以昭庄重。（宋徐梦莘《三朝北盟会编》卷一〇）

宣和五年（1123年）四月宋军入燕接管这一辽人旧京之后不久，在这一年八月的朔日，出现了"日当食不见"的现象（《宋史》卷二二《徽宗本纪》四），更清楚地说，是"日有食之，阴云不见"（《宋史》卷五二《天文志》五），也就是浓云蔽日，以致看不到本该出现的日食景象。这本来是很普通的气象现象，没有什么值得惊奇的地方，既不必为之高兴，也毋须为之担忧。因为既然谓之"当食"，就意味着朝廷的司天监已经可以准确预测日食的时间，知道了日食是到时候就必然会发生的事情，与社会状况无关，与人君的作为清明与否也没有干系，而阴云遮蔽日食的过程，更是很自然的随机事件。

可是宋人并不一定也这样看；特别是徽宗一朝，更不会这么简单地看待此事。此前，在徽宗崇宁五年（1106年）十二月，发生过一次"日当食不亏"的现象，曾满朝"群臣称贺"；继此之后的下一年，亦即大观元年（1107年），十一月朔日"日有食之",史载"蔡京等以不及所当食分,率群臣称贺"。(《宋史》卷二〇《徽宗本纪》二）所谓"当食不亏",应该是司天监预测的日食时间不准,而"不及所当食分",应该是讲实际发生日食时太阳被遮盖的程度小于预测值。总之,不是比预报的程度低,就是根本没见到预报的现象。管它因为什么呢,都可以附会成是皇帝的圣明改变了本来要出现的凶险天象。

现在,类似的情况,又发生了:预测的日食,又没有看到。于是,我们看到,太傅王黼出面,请求将此事付诸史馆,郑重记录于典册。(宋陈均《宋九朝编年纲目备要》卷二九宣和五年八月）这当然是将其视作一个重大的吉兆,也会适当舒缓因误与女真结盟这一糗事给宋徽宗所造成的懊恼;或者说,这可以给沮丧中的宋徽宗带来一丝虚幻的企望,在心理上给他以一定的正面刺激。

二十天后,这位道君皇帝诏命河北河东燕山府路宣抚使、燕山府知府王安中"作《复燕云碑》"(《宋史》卷二二《徽宗本纪》四）。那么,制作这通《复燕云碑》会有什么作用呢?当然是要藉助"日当食不见"这一吉祥征兆,进一步凸显他这位圣明天子光复华夏故土的辉煌和荣耀。然而,这和把燕京改成燕山府一样,同样是自欺欺人的把戏。

在这之前,就在宣和五年(1123年）四月宋军入燕之初,为显示大宋"抚定"故土的辉煌功勋,统领宋军的童贯、蔡攸已经"勒碑于延寿寺以纪功,将佐姓名,皆列于碑"(宋王称《东都事略》卷一二五《附录》三《全国》）。在这种情况下，事隔三个月后，徽宗重又指令燕山府的地方官员，刊石树碑，显然不会是简单重复一遍一般事务性意义上的举动。

需要指出的是，如上所述，蔡京等人在进入燕京之初即已刻石纪功，如今再命王安中重复其事，绝不是因为宋朝在燕京六州之外，又从金人那里新得到了山后的云州诸地，所以这座石碑的名称才会以"复燕云"为名。虽然《宋史》记载在蔡京勒碑纪念此役的下一个月亦即宣和五年五月"金人许朔、武、蔚三州"（《宋史》卷二二《徽宗本纪》四），《皇宋通鉴长编纪事本末》也记载说宋廷"其后颇得武、朔、蔚三州，寻复失之"（宋杨仲良《皇宋通鉴长编纪事本末》卷一四三《金盟》下），看起来好像女真人又一度新给了宋朝山后这三州之地，但《三朝北盟会编》却更加具体地记述其实际情况是：这一年的六月"二十一日壬寅，金人欲交割我朔、武、蔚三州，而国主告殂，不及取三州而去"（宋徐梦莘《三朝北盟会编》卷一八）。据此，则金人交还这三州土地给宋廷，只是一时的想法，可是却未能付诸实施，宋徽宗所谓"复燕云"者，不过是虚张声势而已，并不符合实际的情况。

所以，我认为宋徽宗指令王安中镌制《复燕云碑》这一举措不仅与二十天前"日当食不见"的天象有直接联系，更与上一年十月改辽燕京为宋燕山府一事前后呼应，密切相关。

那么，其关联点究竟在哪里呢？这通《复燕云碑》没有见诸后世文献著录，大概早已毁弃不存，同时也没有片言只字录存于世。我们还是回到宋徽宗更改燕京为燕山府的诏书中去，看看"燕山府"这一名称究竟意味着什么。

在这道更改政区设置和地名的诏书里，宋徽宗特别讲述"燕京"这一地名的渊源说："燕京古之幽州。武王克商，封邵公奭于燕，以燕然山得名。"然而这只是宋徽宗自己的说法，并没有相应的史料依据。宋徽宗讲到的这"邵公"，原本书作"召公"，是西周时期大名鼎鼎的人物，《史记·周本纪》记载周武王"封召公奭于燕"，而唐人张守节释之曰：

> 《括地志》云："燕山在幽州渔阳县东南六十里。《国都城记》云周武王封召公奭于燕，地在燕山之野，故国取名焉。"按：周封以五等之爵，蓟、燕二国俱武王立，因燕山、蓟丘为名。(《史记》卷四《周本纪》唐张守节《正义》)

这里把召公燕国的得名缘由讲得一清二楚，即得名于其"地在燕山之野"，而与所谓"燕然山"没有丝毫关系。

这个"燕山"的名称，古今一贯，直到现在也没有改变，所以用不着再多事考述。不论是西汉还是东汉，燕山山脉都在中原王朝的辖境之内，因而不管是李广利，还是窦宪，其北征匈奴所经历的燕然山，也就都不可能是召公封地近旁的燕山。

在既没有历史文献的依据、又严重违背实际地理形势的情况下，宋徽宗一定要把燕然山和燕京六州的"回归"联系到一起，活生生地把燕然山从匈奴的牧野强拉到召公的封国，那就一定是别有用心，而在清楚了解上述收复燕京的历史过程以及道君皇帝的无奈心绪之后，他的用心，也就昭然若揭了——这就是把宋廷兵入辽之燕京同窦宪北伐匈奴获取的所谓胜利紧密联系到一起，极力夸耀这一行动的历史意义，提高到足以与窦宪驱逐匈奴的丰功伟绩相提并论的程度，以纾解实际的困窘和尴尬，我在前面说宋徽宗此举纯属"意淫"，其意即在于此。自己打掉的牙，只能憋足气往肚子里咽了，只是牙掉了谁都看得出来，面相实在不好看。掩饰的办法，只好再狠狠搧自己几个耳刮子，把脸打肿，做出一番富态状了。

当年窦宪北征，是预先蓄意谋划，不仅带着班固作"大手笔"，还随军征发有上石、刻字的工匠，所以在收兵凯旋之际，就能够在燕然山上为自己铭记这一功业。如前文所说，宋徽宗在处理国政时连私智小慧也很不灵光，在把"燕京"更改为"燕山府"时，并没有做出窦宪这么周详的安排，以致童贯、蔡攸率军进入"燕京"城后，树立的碑石，旨意仅在于罗列军中将佐姓名，没有能够凸显宋徽宗比拟大汉辉煌的心意。现在，日当食而不见，岂不正是其功其业感召天日的体现？于是，宋徽宗便又指派燕山知府王安中，重新制作一方石碑，铭刻他统筹擘画克复燕京的丰功盛烈，其象征性意义，正与窦宪命人刻记的《燕然山铭》相当。将来若有机会重新发现这一毁弃的碑石，说不定能够看到碑文中即明确写有相应的字句。

或许有的朋友会觉得我的这些看法推论过甚，宋徽宗的心思未必如此。那么，我们再来看看《贞观政要》文本在宋代衍生的一处讹误，来从侧面进一步印证上述判断。《贞观政要》记云："（突厥）颉利可汗大惧。（贞观）四年，退保铁山，遣使入朝谢罪，请举国内附。又以靖为定襄道行军总管，往迎颉利。颉利虽外请降，而心怀疑贰。……行至阴山，遇其斥候千余帐，皆俘以随军。颉利见使者甚悦，不虞官兵至也。靖前锋乘雾而行，去其牙帐七里，颉利始觉，列兵未及成阵，单马轻走，虏众因而溃散。斩万余级，杀其妻隋义成公主，俘男女十余万，斥土界自阴山至于大漠，遂灭其国。……又为西海道行军大总管，征吐谷浑，大破其国。改封卫国公。及靖妻亡，有诏许坟茔制度依汉卫、霍故事，筑阙象突厥内铁山、吐谷浑内积石二山，以旌殊绩。"这是流传到日本的早期写本的写法，也是与李靖的实际经历相吻合的正确写法，可是宋代以来的刊本，却把"铁山"改成了"燕然山"。（谢保成《贞观政要集校》卷二）这显然是燕然山在抗击北方游牧民族方面的象征性意义在宋人心中长期潜移默化的结果。宋徽宗所为，正是基于宋人这样的普遍意识。

宣和五年（1123年）四月宋人接收辽燕京地区后不及三年，金人就在宣和七年年底重新攻取宋人所设燕山府，随之挥师南下。徽宗一看大事不妙，竟以"内禅"的名义把太子推上皇位，去应付危局。结果，是父子老新两代皇帝一同被金人掳而北去，中途还在童贯、蔡攸刻石纪功的延寿寺做短暂停留。（宋徐梦莘《三朝北盟会编》卷二一一）此时此刻，不知他心里是什么滋味。

五、末世强国梦

宋徽宗这番胡乱更改的"燕山府"，存世时间只有短短三年，可是他强指"燕山"为"燕然山"，却在后世留下了明显影响。我们看到，明代颇有一些记载，把今燕山山脉、甚至是其西连的阴山山脉中的某些具体地段，指称为"燕然山"。

其中特别引人注目的是，在明朝后期，学者章潢述云："燕山在太行、沧海间，形胜雄据天下，即今京师也。以燕然山脉尽于此，故曰燕山。……山脉从云中发来……杨文敏谓西接太行，东临碣石。"（明章潢《图书编》卷五九）章氏清楚地把阴山、燕山与燕然山勾连为同一条山脉，而不仅仅是其中某个具体的地段，这实际上正是宋徽宗燕然山说的翻版。

若是再看看这位章潢先生下面这段话，就能更清楚地了解到这一地理观念承自宋徽宗的渊源了：

自石晋氏割燕云十六州以畀契丹，兹土不沾中国声教者盖饶四百年于兹矣。虽以宋之全盛不能一日有，况金元二氏，岂足以当之哉！乃今阐华立极，屹为天府，一代衣冠文物之盛，光前迈后，遂为我明圣子神孙亿十万载之业，岂非天秘地藏固有待于其间乎？

盖朱明立国以来，北部边防一直困守长城，处于被动挨打的状态。正统时遭逢"土木之变"，英宗皇帝竟被蒙古瓦剌军兵掳而北去，就很典型地体现了南北之间的强弱攻守形势。至嘉靖初年蒙古鞑靼部势力兴盛之后，北部边患愈加深重。嘉靖二十九年（1550年），发生所谓"庚戌之变"，鞑靼吐默特部俺答汗兵寇大同，溃墙而入，大败明军；继之兵锋东移，入古北口，大肆抄掠，兵临京师城下，并侵及诸帝陵寝，胁迫明朝允其"入贡"，并为之开市，以售卖马匹于内地。此后，尽管明廷在嘉靖三十年即已为其开通马市，但直至隆庆五年（1571年）双方达成所谓"隆庆和议"时为止，俺答汗一直侵扰不止，成为明廷一大疾患。

章潢的《图书编》写成于万历五年（1577年），但却是肇始于嘉靖四十一年（1562年）（明章潢《图书编》卷首门人万尚烈序），而且这部书的篇幅多达一百二十七卷之巨，若不预先做准备，仅仅是从嘉靖四十一年到万历五年这十五年时间，也难以骤然成书，故立意思谋，时间应当更早。门人万尚烈谓其"平生精力尽在此书"（明章潢《图书编》卷首门人万尚烈序），当非虚誉。故《图书编》上述内容，理应以嘉靖年间严重的北方边患为背景（况且东北建州女真的势力，在万历初年即已崛起，开始侵犯明朝的疆界，这同样会给章潢造成很大影响）。从宋徽宗到章潢，时世虽易而华夷争执的攻守态势并没有发生改变，因而后者承用前者的意识和观念也自在情理之中。

如上所述，在章潢那个时代，还另有人更加具体地把燕然山和山上的刻石，移易到燕山上来。在我最早撰写的《班固〈燕然山铭〉刻石的发现与旧传拓本、另行仿刻及赝品》那篇文稿里曾经谈到，有清人记述说，根据明末人著录，在清人称作宣化府的那个地方，有后人仿刻的《燕然山铭》。当时人之所以会在此地重刻这一铭文，就是基于宋徽宗以来，强指燕山为燕然山的事实。

当时，像章潢那样把燕然山与燕山并为一谈的人，绝非少见。明朝在今北京延庆设有隆庆州，而嘉靖《隆庆志》记载"燕然山在州城南五十五里，即居庸西山也"（嘉靖《隆庆志》卷一）。隆庆州西侧，即为宣化，两地山势，一脉相连，都属于今燕山山脉，按照前述章潢的说法，这也就是燕然山地。清朝官修的《大清一统志》载录在"宣化县东三十里"处，有一小段山脉，旧时"宣府镇志"将其视为"燕然山"。（清官修《嘉庆一统志》卷三九《宣化府·山川》）所谓"宣府镇"系明朝所设，清朝改为宣化府，所以这里讲的"宣府镇志"理应是讲前朝的志书。在民国时期刊印的全国地图上还能够看到，在宣化以东、延庆以西，正有一处山地被称作"燕然山"。结合上面的论述，可知至迟在明朝后期这里已被指实为一处具体的燕然之山（案，明初人王英有诗题作《望

《申报》六十周年纪念《中国分省新图》上的所谓燕然山

宣府诸山作》，自注谓"地志载燕然山即此"。据此，则可将这一"燕然山"出现的时间，上推至明朝初年。王诗见其诗集《王文安公诗集》卷四），所以才会有人在宣府重刻《燕然山铭》。这里是居庸关外拱卫京师的边防要地，把所谓"燕然山"安防于此地，自然在心理上会给自己以更多积极的暗示，甚至激情的鼓舞。衰败至极的末世，需要做更多的强国大梦。

当然不是明朝所有的文献就都这样载录窦宪所至燕然山的地理位置了。因为这样的说法和《后汉书》的记载相去实在太远。明朝官修的《大明一统志》，就另有记载说"燕然山去塞三千余里"（《大明一统志》卷九〇《鞑靼》），在北边之外的鞑靼界内。不过具体的地点，仍不清楚，就像唐朝时候的认识一样模糊。

六、重见燕然山

到了清朝以后，这种情况，有所改变。一方面，在官修的《大清一统志》中，已明确贬斥明朝"宣府镇志"所说的"燕然山"，实乃"傅会不足信"（清官修《嘉庆重修一统志》卷三九《宣化府·山川》），这对民间的看法，会产生很大影响；另一方面，清代盛行的考据学风尚，使得一些学者们试图更明确一些认定燕然山的位置，而清廷辖有蒙古草原的便利条件，也使得这样的研究，在客观上具备了比宋、明时期更为便利的条件。

清代学者对燕然山位置的考订，其实也并不十分明晰，其主要研究路径，是根据北方草原地貌山脉的形态走势以推定燕然山即杭爱山。

首先，《大清一统志》即已清楚指出，杭爱山"即古燕然山"（清官修《嘉庆重修一统志》卷五四四《喀尔喀·山川》之"杭爱山"条。案，清廷纂修《一统志》，前后延续很长时间，最早在乾隆前期即有刊本行世，此嘉庆重修本关于燕然山的记述，在先前的文本中应当就已经存在）。这一官方的表述，对清代学者影响很大，像沈钦韩的《后汉书疏证》、许鸿盘的皇皇巨著《方舆考证》，都是简单复述此说。（清沈钦韩《后汉书疏证》卷二。清许鸿盘《方舆考证》卷二《历代建置》）这样的记述，比过去的认识要具体很多。

杭爱山的中文名称，虽然至今也没有改变（案，《清史稿》卷七八《地理志》二十五谓"杭爱译言橐驼也，山形似之"），但它是一条很长很大的山脉，《大清一统志》描述说"其山最为高大"，《燕然山铭》到底是铭刻在这条山脉中的哪一个具体的地点、哪怕是稍微具体一些的地段上呢？

若是按照《大清一统志》记载的情况来看，杭爱山脉的东端，恐怕应该截止于鄂尔浑河岸边。这是因为《大清一统志》明确记载说，杭爱山是"在鄂尔坤之北"，或者说是鄂尔坤河的河源"出杭爱山南"（清官修《嘉庆重修一统志》卷五四四《喀尔喀·山川》之"杭爱山"条，又"鄂尔坤河"条），齐召南的《水道提纲》更将鄂尔坤河的河源清楚表述为"出杭爱山尾南麓"（清齐召南《水道提纲》卷二三《西北诸水》），而所谓"鄂尔坤河"即今书作"鄂尔浑河"那一条河流，系北入色楞格河后再汇入贝加尔湖（清代书作"柏海儿湖"）。其具体情况是，鄂尔坤河的上源在杭爱山的南坡向南流出后，东曲复继之以北折，这才汇入色楞格河。山川关系如此，就意味着按照一般的习惯，清人所说杭爱山，其东端应截止于鄂尔坤河以北、以西，而齐召南所说"杭爱山尾"，则非常明确地表明，清人也正是这样看待这一问题。

那么，这次发现《燕然山铭》的山地又在哪里呢？——这里在鄂尔浑河以南、以东已经很远。翻检谭其骧先生主编

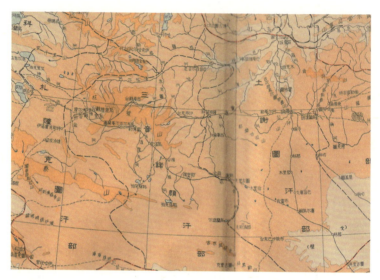

《申报》六十周年纪念《中国分省新图》上的杭爱山

的《中国历史地图集》，我们可以看到，《燕然山铭》所在那座小山，西距一条名为"翁金河"的河流东岸不远，而《大清一统志》记述杭爱山是在"翁金河西北五百里"（清官修《嘉庆重修一统志》卷五四四《喀尔喀·山川》之"杭爱山"条）。这种情况，也就意味着清廷官修《一统志》推定的燕然山，不仅不会是现在发现《燕然山铭》的地方，而且至少西北偏离实际地点五百里以上。

清代学者中比《大清一统志》更具体一些的说法，是讲燕然山在蒙古土谢图汗部牧地，其中比较有代表性的著述，是何秋涛在咸丰年间撰著的《朔方备乘》。虽然《大清一统志》载录的杭爱山不在土谢图汗部境内而《燕然山铭》所在的山地正处于其间，但稍一翻检其书就可以看出，何秋涛这一说法，并没有什么考证审辨的基础，只是通观"自古用武之地"的大势，随口一说而已，何氏同时讲到的其他古代山丘的位置，还存在很大问题（清何秋涛《朔方备乘》卷一一《北徼形势考》），这更显示出《朔方备乘》的说法实未经深入思考。对于这样一个疑难的地理问题来说，何秋涛的说法并不具备严谨的学术参考价值。再说《朔方备乘》的清定原本，早已毁失不传，我们现在见到的《朔方备乘》，是何氏身后，由黄彭年等据其残稿补缀编排而成（清何秋涛《朔方备乘图说》卷首李鸿章序），书中恐怕羼有很多整理者的笔墨，未必尽合何氏本意。

晚近以来，研治古代舆地的中国学者，基本上是继承了上述以《大清一统志》为代表的清代学者的看法，把燕然山等同于鄂尔浑河上源以西的杭爱山脉。如谭其骧主编的《中国历史地图集》、实际由陈可畏先生主持编绘的《中国史稿地图集》（名义上题作"郭沫若主编"），都是如此标记燕然山的位置。其他如日本学者松田寿男和森鹿三编制的《アジア歴史地図》，情况也大致相同。

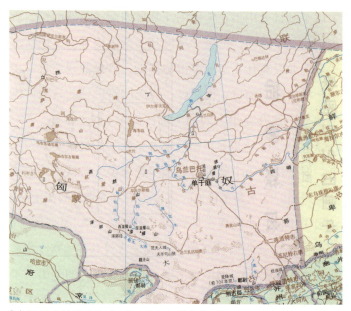

《中国历史地图集》之西汉《匈奴等部》图

《中国历史地图集》之东汉《鲜卑等部》图

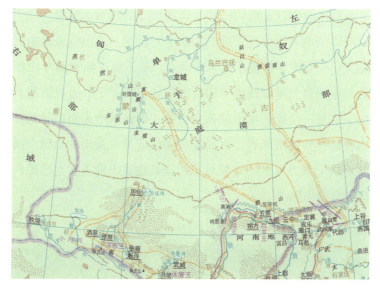

《中国史稿地图集》之《西汉与匈奴战争》图

松田寿男、森鹿三合编《アジア歴史地図》

对比清代以迄现代这些学者所推定的燕然山位置，我们就可以清楚看出发现《燕然山铭》对确定燕然山位置的重要意义——它完全颠覆了旧有的观点。从下面这幅1984年出版的《中国自然地理图集》的《中国地势图》上，可以清楚看出，这是一块面积很小的孤立山地，即使从今天对山脉延伸内在连续性的眼光看，也只能勉强说成是杭爱山的余脉，而就地表上目力可见的地貌形态而言，这块山地事实上已经断离开杭爱山脉。

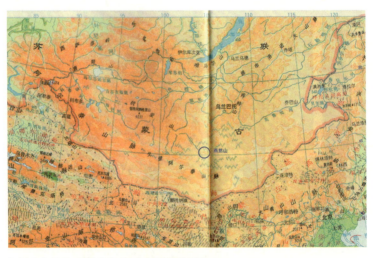

《中国自然地理图集》之《中国地势图》

燕然山坐落在这样一个前人从未想到过地方，似乎稍显怪异，然而分析这一位置，却可以看出，窦宪在这里刊刻

《燕然山铭》，是具有充分合理性的。

在蒙古高原南北，中间有一段所谓绝水地带，史称"大漠"，对南来北往造成很大阻隔，其南北两面分别被称作"漠南"和"漠北"。燕然山位于漠北，但却是漠北最靠近漠南的地方，其西侧由北向南流淌的翁金河，也是漠北最接近大漠的河流；同时，在漠南方面，最接近大漠的农业区域，便是河套地区。另一方面，在河套与翁金河这两地之间相互来往，又是漠南、漠北之间最为捷近的通道；由这两个地点分别去往古代蒙古草原的核心地带鄂尔浑河流域或是周秦汉唐都城所在的渭河谷地，同样最为捷近。

我们看《中国历史地图集》上标绘的唐参天可汗道以及元代的木邻站道都由燕然山附近通过，就是基于这样的便利条件，而当年贰师将军李广利在漠北与匈奴作战，因战事不利而"引兵还"时，匈奴单于之所以能够清楚获知其行军路径而预先至"速邪乌燕然山"附近埋伏，在暗夜里乘汉军宿营之时来"遮击"汉军，就是因为这里是由漠北归还漠南的必经之地，而且还是进入大漠之前最后一处水草丰盛的地点，汉军在这里住宿一夜，以充分休息并备足通过大漠的饮水，几乎是必然要做的事情。

知悉上述燕然山的区位特点，我们也就很容易理解，当年窦宪在击溃北匈奴后班师回朝的途中，为什么会在燕然山上刊石纪功，而不是其他什么地方：第一，当然是因为燕然山乃往来大漠南北的必经之地；第二，正因为这里是往来大

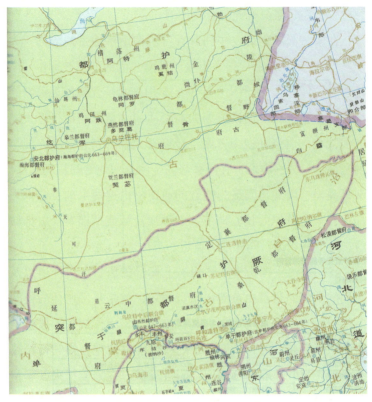

《中国历史地图集》上的参天可汗道

漠南北的必经之地，才能够使其铭文广为人知，取得最大的
宣传效果。

　　无奈历史无情，一个人的行事，一个政权的所作所为，
是功是过，并不由你自己说了算，青史才会给出公正的评
价——这就是看它究竟是否利国利民。真正的丰碑，总是矗

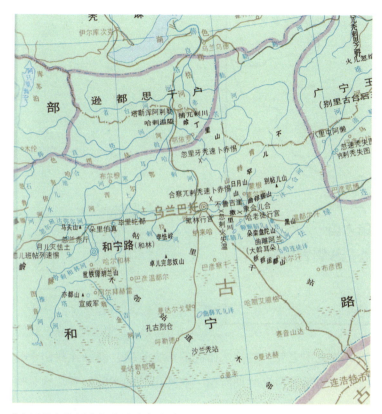

《中国历史地图集》上的木邻站道

立在人民的心中，闭着眼睛也都看得见，不像燕然山上的铭文，还要费劲扒力地登高找寻。关于这一点，我将另行讲说。

2017 年 10 月 31 日记

第六篇
苍茫沙腥古战场

上一篇我已经谈到,《燕然山铭》刻石的发现,除了校订铭文的文本之外,对学术研究的最大价值,就是让我们十分清楚地知悉了两汉时期所谓"燕然山"的实际位置。这是唐代以来,历朝学者都没有弄清、也几乎无法弄清的重要历史地理问题。

一、一场战役与一个学科

中国传统的历史地理学研究,称之为"舆地沿革",也可以用"沿革地理"来概括这门学科研究的内容。

现在叫"历史地理"，是一个地地道道的西洋外来语，不过不是直接来自西洋（现在世界通行的商业文种英文，是将其书作Historical Geography），而是转道东洋由日本国舶来——它是日本近代学者在翻译西洋著述时用汉字创制的一个日文词汇。其实现代中文中的大部分双音节和多音节书面词汇，都是像这样由日本引入；甚至可以说没有这些从日本藉用的词汇，中国人是无法开口说话的，当代白话文也根本没法书写。

这本是很普通的常识。不过很多民族优越感爆满的中国人，还以为这是"小日本儿"派间谍化妆成华人从中国盗走的"非物质文化遗产"。这些"超人"，一心一意要把自己想象中的优良基因播撒全球，并且传之万世。你讲历史真相，他们既听不懂，也压根儿不想听。

"历史地理"当然要比"沿革地理"能更好地体现这门学科在现代社会中的内涵和实质，但传统的"沿革地理"，在中国历史地理的研究中，仍然居于十分重要的基础地位。所谓"沿"，是指承续，"革"则是指改换。或是沿承不变，或是改换一新，这是各项地理要素和总体地理环境随着时间的延伸而交替呈现的两种状态，相辅相成。中国传统的"沿革地理学"研究，针对的主要是疆域和政区、地名的沿革流变，而清楚认识历朝历代的疆域，特别是政区和地名，几乎是其他所有历史地理研究的必备前提。

缺乏这一前提，就无法落实相关史事发生的地点，所有的论证也就成为空中楼阁，海上蜃景，看起来似乎很美，实际上却只是飘渺的幻象。

研究历史时期军事活动的地理空间问题，在当代历史地理学中，属于所谓"历史军事地理"的范畴。历史军事地理研究的内容有很多，举凡军队等武装力量的空间配置、边防线等军事界限的构成与演变、军事装备与给养的生产区域以及储存地点和供应路径、军事人员的地域来源，等等，几乎现代军事地理学所涉及的各项内容，都包括在内，但与人们一般阅读史书、了解史事关系最为密切同时也最为直接的研究对象，是战役或战争的地理进程以及与之伴随的军事地理方略问题。

现在有很多事儿事儿的专业研究人员，或许以为研究这样的问题，过于陈旧，没有高大上的境界，甚至觉得这不像是学术研究，但实际上这是古代军事地理研究中最具有魅力的地方，对研究者的智力和能力也充满挑战。因为它千变万化，没有这些专家者流预想的"模式"或"范式"可言，需要着力探索每一个细节。

研究古代历史上一次战役或者一场战争的地理进程，首当其冲的问题，是确认这一战事所经历的重要地点，这就是在现代地图上尽可能确切地落实这些地点，而体现这些地点的往往是一个政区的名称，或者是其他地名。没有这些具体的地点，就无法再现旧时战事的各项空间关系，至少是无法准确复原历史时期每一场战争和每一次战役的地理进程。

我说研究一次战役或一场战争的地理进程充满挑战，需要一一探究各个细节，其中最基本的内容，就是确定这些战事经历的具体地点。这一工作看似简单，实际上却很不容易。一般来说，越古会越困难，而考定中原外围或是华夏域外地区的地名，往往也会比内地更为艰难。

过去我在研究战国秦汉时期的一些军事地理问题时，就是在这方面遇到很多意想不到的麻烦，为此花费了很大力气，结果实际做出的大多都只是复原古代重要战役地理进程的工作。现实的状况和客观的需要如此，这由不得自己选择。

二、海峡两岸看一次北征

中国历史军事地理的研究，在历史地理各个分支学科当中，相对比较薄弱。关于《燕然山铭》所铭记的窦宪北征之役，相关成果也不是很多。

很多主题相关的著述，往往回避对这一重要战役的表述。即使是作为通史性著述辅助说明的地图，例如以"郭沫若主编"的名义为同样由其担任主编的《中国史稿》配备的地图册《中国史稿地图集》（地图出版社，上册，1979年出版。实际主要由陈可畏先生负责编制，李学勤、卫家雄等先生参与部分工作，据云郭沫若先生直接审定了与此问题相关的上册图稿）；还有作为大学历史教学辅助用图的地图集，如郭利民先生编制的《中国古代史地图集》（福建人民出版社，1988年出版）、张传玺和杨济安两位先生编绘的《中国古代史教学参考地图集》（北京大学出版社，1982年初版，1984年第二版），也都对此避而不谈。

另外有些著述，虽然有所表述，但既过于简略，也相当模糊。例如，由顾颉刚先生和章巽先生编著、谭其骧先生核校的《中国历史地图集（古代史部分）》（地图出版社，1955年出版），就是这样；又如，在纪庸编著的《汉代对匈奴的防御战争》（新知识出版社，1955年出版）这本书中，谈到相关情况或是附图表述相关空间关系时，也是如此。

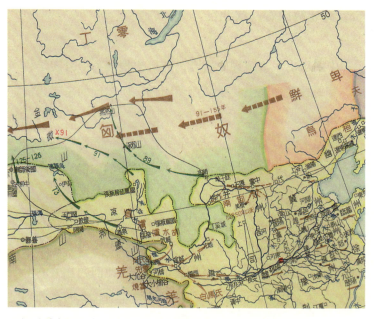

顾颉刚《中国历史地图集（古代史部分）》上的窦宪北征之役

纪庸《汉代对匈奴的防御战争》附《东汉帝国对匈奴的战争》图

　　在寥寥无几的几部着力阐释窦宪北征之役空间动态的著述当中，有一部比较重要的书籍，是台湾当局所谓"三军大学"编著的皇皇十八册本《中国历代战争史》。在这部书中，对这次战役的地理进程，做过比较具体的复原。

　　《中国历代战争史》出版于1972年。这部著作的长处，在于编著者能够全从现代军事的视野出发来审视古代的战争进程，因而写出很多传统书生写不出的战事样貌。与这一突出的优点相比，编著者考订史料的能力，虽然明显有所不足，但也显示出很高的文化水平，显示出这所"三军大学"里的

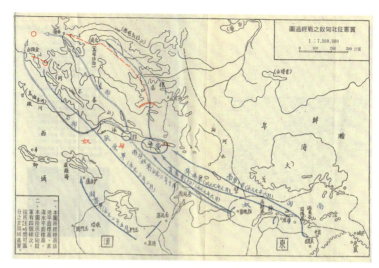

台湾所谓"三军大学"编著《中国历代战争史》中的
《窦宪征北匈奴之战经过图》

教官确实很有文化，不光会立正稍息、舞枪弄棒吓唬人。

　　过去清朝桐城派人士倡导义理、考据、词章三者兼重，方轨并行。实则考据最为细琐，乾嘉年间虽盛行一时，然不过风气所向，世俗附庸，真心向往且愿身体力行者，本属寥寥；意欲进而与义理、词章并重，更谈何容易。时过境迁之后，考据研究即殊少有人问津。地理考据，在各项考据研究中又最显繁杂，"志行高远"者尤其不屑为之。

　　在这样的大背景下，像《中国历代战争史》这样一部多卷本大书，在所涉及的具体地点上存在较多比较严重的疏失，也是情理当中的事情。

从另一角度看，对大漠之北的历史地理状况，过去的认识本来就很模糊，编著《中国历代战争史》的人们，也没有很好的研究基础可供利用（台湾方面对中国历史地理的研究，力量过于薄弱，实力远不能与中国大陆相比）。在《中国历代战争史》出版三年之后的1975年，谭其骧先生主编的《中国历史地图集》开始出版内部发行本。再经七年，1982年，这部图集公开全球发行。就窦宪北征之役而言，《中国历史地图集》上标绘的相关地名，尽管还存在一定的不确定性，深入的研究，或许还可以进一步考辨，但比过去的认识，已更为清晰准确。

一方面，编绘《中国历史地图集》，是先主席钦定的重要的政治任务，谁也不敢怠慢；另一方面，当时从事这部分内容编绘的人员，应当主要是研究北方民族史的学者。由专业人士来处理如此专门的问题，自然会取得比较好的成果。当然，现在看起来也明显存在美中不足的地方，这就是燕然山，还囿于清代学者的旧说而被安置到了错误的地点。

在台湾海峡的这一边厢，京城长安街上气势恢宏的"中国人民革命军事博物馆"，在2007年"编著"出版了一部八开大本的《中国战争史地图集》。图集阔大华美的内外装潢，也和"中国人民革命军事博物馆"的大楼很搭。

这部印制气派的《中国战争史地图集》，从2001年开始动工，到2007年印行于世，前后持续七年。再有一年，就和全面抗日战争的时间相当了，时间不能说不长。写序的张震将军，以一位老战士的身份，很诚恳地介绍说，总共有150多名军内外专家教授参与其事，诚如其《前言》所形容的那样——"工程浩大"。军队办事儿，用打仗的尺度衡量著书所耗费的金钱，经费自然会很充裕。再说除了人民军队自己的钱以外，还有国家社科基金的强力资助，经济上的保障更是相当强劲的，干起活儿来，绝不会有什么后顾之忧。

在这部大型图集的封面和封底上，都十分醒目地印有如下三行大字"招牌"：

国家首届"三个一百"原创图书

国家社会科学基金军事学项目

纪念中国人民解放军建军80周年重点图书

这"招牌"够鲜亮的了吧？不过就像中国大陆很多所谓"学术著述"一样，或者说像中国大陆出产的很多商品一样，招牌越炫，可能越是华而不实。著书的客观条件再好，也无法改善著述者的学术水平，不能提升其研究能力。同时，和所有的事情一样，慢工不一定都能出细活儿，人多也未必一定会干成像样儿的事情。至于钱多，更只能提高印刷装帧的华美程度，让它看起来似乎很美，却根本无法影响书籍的内容。

令人多少有些意外、同时也十分遗憾的是，这部《中国战争史地图集》的古代战争图部分，质量实在不是很高（近

《中国战争史地图集》上的窦宪北征图（图中"第二次出击匈奴方向"）

现代敌人所知甚少，还更多地牵涉"政治立场"是否正确问题，好坏不敢说）。其中的《东汉对匈奴的战争》这一幅图，标绘了窦宪北征之役的行军路线和战场位置。但作者并没有很好地尊重和利用业已公开发行的《中国历史地图集》。相比之下，甚至还不如台湾"三军大学"早就出版了的《中国历代战争史》更加合理准确（按照本书的《前言》，作者似乎也没有参考像台湾"三军大学"这类"敌军"的研究成果，并且自言系"填补中国战争史研究空白的项目"）。因此，要想更好认识这场战役的空间动态，就只能另起炉灶，重新进行探讨。

应该衷心感谢内蒙古大学和蒙古国的历史学者，他们这次发现的《燕然山铭》，清楚无误地为我们指明了燕然山的所在，指明了究竟哪一座山峰才是汉代的燕然山，而这与过去历代学者、也包括当代海内外学者的认识，都有很大出入。在此基础上，就能够比过去更为准确地复原窦宪北征之役的地理进程了。

不过，要想更好、也更全面地说明这一地理进程，不能不适当解释一下汉廷北征军士的地域来源问题。

三、另一套兵马

在东汉一方，这次出征的军队，是兵分三路，向北进发。

这三路军队，一路由主帅车骑将军窦宪和副帅征西将军、执金吾耿秉以及南匈奴左谷蠡王师子（"师子"是南匈奴左谷蠡王的名字，不是域外的动物"狮子"）统领，兵出"朔方鸡鹿塞"。其余两路，一路由南匈奴单于屯屠何统领，乃"出满夷谷"；另一路由汉度辽将军邓鸿和南匈奴左贤王安国统领，系"出稒阳塞"。（《后汉书》卷四《和帝纪》、卷二三《窦宪传》、卷八九《南匈奴传》）

准确地讲，历史地理学对一个事件的研究，首先是要在时间和空间这两个轴线同步复原历史事件演进的历程。对这场战役进行复原的工作刚一开始，我们就遇到了汉军出兵的时间问题，需要考辨分析。

范晔《后汉书》卷四《和帝纪》载录此事，记为永元元年（89年）"夏六月"；西晋人司马彪撰著的《续汉书·天文志》，对此也有同样记载。可是，班固的《燕然山铭》，却是将其书作"秋七月"。中国古代用历，恒以四、五、六月为夏，七、八、九月为秋，所以这两处记载既然冠有或"夏"或"秋"的季节名称，就不会是表示月份的"六"、"七"这两个数字在文献流传过程中产生了讹误。

那么，如何解释这样的时间差异呢？近人沈家本的解释，乃谓"此盖六月出师，七月克敌，故《铭》与《纪》异也"（沈家本《诸史琐言》卷一〇）。这一说法乍看起来似乎也很有道理，过去宋人司马光撰著《资治通鉴》，也是把汉军出塞的时间，排在永元元年（89年）的六月（宋司马光《资治通鉴》卷四七），可要是仔细琢磨，却显得不够顺畅。

这是因为斟酌《燕然山铭》的文字，其开篇之"惟永元元年秋七月"云云语句，讲的还应该是出兵的时间，而不会是"克敌"之后来到燕然山下的时刻。再看窦宪在这一年的九月才率军回到五原入塞（《后汉书》卷四《和帝纪》、卷二三《窦宪传》），从燕然山，到五原郡，顺顺当当的回朝路，再慢，也走不了那么长时间。须知这一年还多闰出了个七月，怎么算也有三个月上下的时间了，超出实际的可能太多。再说还有加官进爵的庆典等着呢，窦宪拖着一大群人马在路上磨蹭个什么劲儿，应该快马加鞭往回奔才是。

覆按《后汉书·和帝纪》的记载，可见它在永元元年（89年）六月下载录的是此番对北匈奴作战的整个过程，述云："夏六月，车骑将军窦宪出鸡鹿塞，度辽将军邓鸿出稒阳塞，南单于出满夷谷，与北匈奴战于稽落山，大破之，追至私渠比鞮海。窦宪遂登燕然山，刻石勒功而还。北单于遣弟右温禺鞮王奉奏贡献。"也就是说，这些史事，并不是发生于同一时间点上，囊括了这一军事行动从一开始到最后结束的全部过程。

综合考虑上述各项情况，我认为，可以把《后汉书·和帝纪》记载的"夏六月"，理解为主帅窦宪出兵洛阳的时间，而《燕然山铭》铭记的才是汉军离开边塞的具体时间。这样，或许会更通畅一些。

不过，汉廷确定由窦宪统兵出征并下诏宣示这一行动的时间，比永元元年（89年）六月更早，是在这上一年亦即章和二年（88年）的十月乙亥。（《后汉书》卷四《和帝纪》）与下诏时间相比，实际出兵时间已迟至八个月之后。为什么会迟延这么长时间呢？这当中可能有很多原因，譬如其后第二年、也就是永元元年的春天，还有一批大臣上书力谏，试图阻止这次行动（《后汉书》卷二五《鲁恭传》），这对朝廷的发兵时间，可能也造成一定的影响。但除此之外，出征的军队骤然之间难以调集，出征的给养也需要充分配备，为此，朝廷需要足够的准备时间，应当也是其中的一项重要的技术性原因。

这次北征的军队，来自几个不同的方面，也可以说是一支混合组编的多方"联军"。

最先提议征伐北匈奴的，是从光武帝刘秀时期就一直依附于东汉朝廷的南匈奴单于屯屠何。屯屠何在章和二年（88年）七月提出这一动议，目的是想统一大漠南北两侧的匈奴各部，"破北成南，并为一国"，他自己则统率部属，"还归旧庭"，不再俯受汉廷的羁縻。尽管他在表面上说是"令汉家长无北念"，彻底灭除北方的边患，实际上却是为自己扩张势力范围。（《后汉书》卷四一《宋均传附宋意传》、卷八九《南匈奴传》）

屯屠何为吞并北匈奴而上书于朝廷，时值和帝初立之际（和帝在这一年二月即位）。因皇帝年龄太小，只有十岁，于是便由他的养母窦太后临朝主政。窦太后初定北伐之议后，朝臣多持异议（《后汉书》卷四五《袁安传》），尚书宋意特别强调若顺从南匈奴之意，将违逆以夷制夷的宗旨，从而"坐失上略，去安即危矣"（《后汉书》卷四一《宋均传附宋意传》），也就是不宜放纵南匈奴势力独大。

关于这一点，也就是汉廷的警觉，其实南匈奴单于屯屠何自己心里也很清楚。满朝大臣，又不会都傻，终究会有人提出这一问题的。为减缓汉廷的疑忌，屯屠何在向窦太后请求北击并提出南匈奴的军事方案之后，特地表白说：

> 臣素愚浅，又兵众单少，不足以防内外。愿遣执金吾
> 耿秉、度辽将军邓鸿及西河、云中、五原、朔方、上郡太
> 守并力而北，令北地、安定太守各屯要害，冀因圣帝威神，
> 一举平定。臣国成败，要在今年。已敕诸部严兵马，讫九
> 月龙祠，悉集河上。唯陛下裁哀省察！（《后汉书》卷八九
> 《南匈奴传》）

这等于是说，请朝廷委派耿秉、邓鸿两人别领汉军督战，而沿边各地或调兵同行，或加强戒备，以防变故，显示其别无异心。

就在这之前不久，窦太后的亲哥哥窦宪派刺客暗杀了和妹子私下相好的都乡侯刘畅。

汉章帝去世的时候，窦皇后大概还不到三十岁。芳华妙龄，自然需要有异性相伴。《后汉书》记载说，刘畅是一个很会讨得女性欢心的"邪僻"之人，就是不那么一本正经，缺情寡趣。章帝甫一离世，他便伺机"自通长乐宫，得幸太后"。这本来只是限止在窦太后个人私事的范围之内，而且顺自然，合天理，既无关她为人的品行，更与朝政无涉，可要是继续发展下去，超出于闺帏之外，事情就不好说了；至少窦太后的哥哥窦宪是很不放心的。原因是当时窦宪正深受窦太后倚重，"内干机密，出宣诰命"，几乎达到了"事无不从"的程度。现在，妹子枕头边儿有了贴心的人，难免会分减他的权力。于是，就痛下狠手，果断干掉了这个潜在的权力竞

争者。

孰知罪案很快败露。自己对老哥儿这么信任，老哥儿却如此罔顾自己内心的情感以及身体的正常需求，窦太后当然十分恼怒。一气之下，下令把窦宪关在了内廷宫中。小妹子可不是个普普通通的风流寡妇，而是一个在文武百官面前公然称孤道寡的皇太后（窦太后和东汉很多主政的皇太后一样，临朝称"朕"）。刚找到的心上人，竟被活生生地害死，这股无名火要是尽情喷发出来，后果是明摆着的。

身陷图圄之中，窦宪这才明白自己干了一件有多么糗的糗事。一看大事不妙，赶紧想辙，以脱身免罪。窦宪想出的自救措施，便是"自求击匈奴以赎死"。正好赶在这个时候，南匈奴单于屯屠何也向朝廷提出了攻击北匈奴的请求。（《后汉书》卷二三《窦宪传》）

别以为无巧不成书，把这看成是一种纯偶然的巧合。其实偶然之中常常蕴涵着必然的道理。不过这是另一个较长的话题，姑且留待以后再说。在这里，我关心的只是窦太后的应对手法。

一家人固有一家人的基因。单论心狠手辣，这位窦太后比他的兄长本毫不逊色，自己生不了孩子还能抢来人家的孩儿作养子，最后再把和帝的生母梁贵人活活欺负死。（《后汉书》卷一〇上《皇后纪》上）不过窦太后可不是像她哥哥那样头脑简单的角色。要是红颜一怒就径行泄愤，她哪里能混到今天独运乾纲的地步？

刘畅这个面首虽好，但好吃的小鲜肉并不只有他这一坨，只要能维持住自己的地位，随时可以再找（不过若是由床上连带到朝上的事儿，处理不好，说不定会惹出很大麻烦。后来窦太后果然栽到了另一块小鲜肉的身上）。要紧的，还是先牢牢掌控手中的权力。

有汉开国以来，在权力的"竞技"（中国人现在通常用"游戏"来表示同样的意思，但我不喜欢，觉得还是把这个词书作"竞技"更为适宜）场上，始终存在着三股大的势力，相互较劲儿：一是皇族，二是大臣，三是外戚。其中外戚秉政，始自太祖高皇帝刘邦的皇后吕雉，至东汉尤为普遍，而要是像窦太后一样由母后临朝，则必然要柄用外戚，以辅其政。这没有什么别的选择，不然就不能如意左右朝政。

当时窦太后初临天下，一切都还在调适当中，更不能不急迫倚仗外家，所以紧锣密鼓地拔擢自家兄弟，令其"皆在亲要之地"（《后汉书》卷二三《窦宪传》）。窦宪是窦太后的大哥，不管是在家里，还是朝中，也就更需要他的助力。

于是，窦太后便充分利用这个天赐的良机，诏命窦宪统兵北伐，"乃拜宪车骑将军，金印紫绶，官属依司空"（《后汉书》卷二三《窦宪传》)，也就是按照司空的级别来给窦宪配置下属人员。这哪里还像个待罪之囚的样子，是正儿八经的远征军大元帅，甚至已经很像是天下兵马大元帅的阵势。窦太后施展这一手法的奥妙，关键在于这是一场虽然根本没有任何理由打、但却是必胜无疑的战争（其间具体的缘由，我将另行解说）。既然必胜无疑，也就可以成功地为窦太后自己、同时也给大哥解套，既消解了彼此的尴尬，又可以藉用这次战功为由头，使窦宪升官晋位，进一步掌控朝政。结果，是窦宪官升大将军，窦太后且把这一职衔的地位擢至三公之上。（《后汉书》卷二三《窦宪传》。晋司马彪《续汉书·百官志》一）一举两得，政术的运作，相当老到。

通天的将军，自然需要配备相应的兵力，为其增重威势。不管是对南匈奴、北匈奴，还是对大汉朝野人等，这种威势都很有必要。这样我们就看到，窦太后骤然提升了汉家军队配置的规格——在南匈奴屯屠何单于提议的北方边地部队的基础上，加入了东汉王朝的核心战斗力量。

按照屯屠何单于原来提出的方案，北伐的军队，由如下三部分兵马组成。

其主体部分，是南匈奴的军队。这些内降的南匈奴人，是被安置在西河、北地、朔方、五原、云中、定襄、雁门、代郡诸地（《后汉书》卷八九《南匈奴传》），或谓之塞内缘边八郡，即今内蒙古河套地区和山西北部地区，分布相对比较集中，很容易集结。因其地处北边，就在汉廷北征军后来出发的地方，也随时可以向漠北进发。

屯屠何讲的第二部分兵力，是驻扎在"西河、云中、五原、朔方、上郡"各边郡的边防兵，他提出朝廷可诏令这些边郡的太守与其"并力而北"，实际上应是指令这些太守带领当地边防部队一同出征。这些邻边之郡，其地理位置，与上述南匈奴所在的地点多有重合，大体处于同一区域，同样便于随时出征。

另外一支军队，与屯屠何点到名字的"度辽将军邓鸿"具有直接关系。《后汉书》卷二《明帝纪》记此度辽将军事云：

> （永平）八年春……三月……初置度辽将军，屯五原曼柏。……冬十月……丙子，临辟雍，养三老、五更。礼毕，诏三公募郡国中都官死罪系囚，减罪一等，勿笞，诣度辽将军营，屯朔方、五原之边县，妻子自随，便占着边县；父母同产欲相代者，恣听之。……凡徙者，赐弓弩衣粮。

屯驻"五原曼柏"的度辽将军，统管的军队，称作"度辽营"。(《后汉书》卷八九《南匈奴传》)

这个度辽将军最初设置的时候，本系"以卫南单于众新降有二心者"，亦即监控刚刚降附的南匈奴人众，防止其再生变故。不过这些南匈奴降人"后数有不安，遂为常守"（晋司马彪《续汉书·百官志》一）。但镇慑这些南匈奴降者仅仅是其功用的一个方面，汉廷更深一层的用意，是"以防二虏交通"，亦即防止南匈奴与北匈奴相互联合，结为一体，从而才设置度辽营以为间隔。(《后汉书》卷八九《南匈奴传》)

如上所述，度辽营的将领度辽将军，通常是驻守五原曼柏，但如上引《后汉书·明帝纪》所见，实际配属度辽营的军士，会散处于朔方、五原等郡的"边县"，可见度辽营军兵的驻防地点，并不仅限于"五原曼柏"一地，不过其所在的"边县"也是在朔方、五原等北方边郡。这里边的道理很容易理解，即度辽营的设置，既然是为了控制南匈奴的活动，自然应该能够照顾到南匈奴的各个主要分布区域。所以，其军兵的驻防地点，会与南匈奴的居地，大体重合。这样看起来，度辽营中的军兵若是集结起来向北匈奴进发，同样也很便利。

稍微有些费解的是，屯屠何单于提到的"执金吾耿秉"，究竟会在征伐北匈奴的军中起到什么作用。

"执金吾"是朝中的高官，秩级为"中二千石"。用现在的话来讲，是正部级实职，是一位重要阁员。不过按照汉家制度的规定，执金吾的身份，只是"掌宫外戒司非常水火之事，月三绕行宫外，及主兵器"，手下不过"缇骑二百人，持戟五百二十人"而已，尽管"舆服导从，光满道路，群僚之中，斯最壮矣"（这种情况，应是从西汉沿袭而来，故《后汉书》卷一〇上《皇后纪》上记云光武帝刘秀在西汉末年心仪南阳新野的美人阴丽华，当其初入长安时，"见执金吾车骑甚盛，因叹曰：'仕宦当作执金吾，娶妻当得阴丽华！'"），可是这些军兵实际上更多的是起着一种象征性的作用，甚至犹如仪仗礼兵，是没有什么战斗力，而且也不需要其具备什么实际野战能力的。这就像现在天安门和中南海前面巡逻的武警以及国旗班的战士，谁也不会拿他当真的。因为执金吾司理的只是宫门之外的警戒事宜，皇宫大内门墙之内的事情，

根本不归他管。（晋司马彪《续汉书·百官志》四并梁刘昭注引《汉官》，又《续汉书·礼仪志》下）

东汉时期掌管宫门警卫和宫中巡逻的官员是"卫尉"，而真正负责皇帝老子"宿卫侍从"的核心禁卫部队，是由虎贲中郎将统领的一千五百名军兵，而这些人又另外隶属于"光禄勋"，与执金吾没有一点儿关系。（晋司马彪《续汉书·百官志》二并梁刘昭注引蔡质《汉仪》，又《续汉书·礼仪志》下。《后汉书》卷一下《光武帝纪》下唐李贤注引《汉官仪》）这支军兵的地位和作用，与当代的8341部队相仿，而虎贲中郎将这个紧要职位在章帝去世前是由窦宪担任，和帝即位后窦宪专任侍中，转而引进他的弟弟窦笃出任此职（《后汉书》卷二三《窦宪传》），都是窦氏一家人。

所以，就掌控禁军这一意义而言，在制度上，执金吾耿秉并没有什么实际的权力。

历史是人类社会活动的演进过程。制度是死的，而制定制度的人是活的。既然在制度的设置上我们看不到执金吾领兵出师的道理，那么，这个道理就只能是在耿秉这个人的身上。

检视耿秉过往的履历，有如下几个特点值得关注：

第一，耿秉通晓兵法，"尤好将帅之略"，而且此前数次领兵征伐匈奴等外族，具有成功的作战经验，是一位称职的将领。

第二，耿秉一向认为东汉的边患，"专在匈奴"，故力主

"以战去战"，这契合南匈奴单于屯屠何的意向。

第三，从章帝即位起，耿秉曾连续出任度辽将军七年，熟悉度辽营的情况，而按照屯屠何的构想，度辽营应是汉廷参与此役的主要兵力。同时，度辽将军邓鸿虽然是度辽营的现任将领，但度辽将军秩二千石（晋司马彪《续汉书·百官志》一梁刘昭注引应劭《汉官仪》），而如上所述，执金吾秩中二千石（"中二千石"字面上的意思就是"实打实的二千石"。相对而言，所谓"二千石"，意即"纸面上规定的二千石的标准"），位在度辽将军之上。而且耿秉在刚刚去世的章帝面前"甚见亲重"。尽管执金吾一职在制度规定上并不具有多大护卫皇帝的权力，但事实上章帝"每巡郡国及幸宫观，秉常领禁兵宿卫左右"，在朝中具有很大影响。由耿秉挂帅，自然会大大加重这次行动的分量。

第四，耿秉深受南匈奴信任，史称其任度辽将军七年，"匈奴怀其恩"。南匈奴对耿秉的好感和信任，在永元三年（91年）耿秉去世时表现得更为清楚。当时"匈奴闻秉卒，举国号哭，或至黎面流血"（《后汉书》卷一九《耿秉传》），就是一边号啕痛哭，一边拿刀把脸弄得血赤哗喇的，显示出耿秉深得匈奴人好感（当然这种情况也透露出其他汉官欺负这些外族人会有多么厉害）。这种情况表明，由耿秉领军，能够很好地协调指挥汉、匈两方面的军队，是一位最适宜的统帅人选。

由此看来，南匈奴屯屠何单于提出执金吾耿秉参与对北匈奴的征伐，明显是要他来担任最高统帅，而不是具体率领宫廷的禁卫部队；也就是说，耿秉参与北伐，与他手下现管的军兵毫无关系。

正因为拟议中的北伐兵力，基本上都集中在河套及其邻近的北部边防线，很容易征发集结，所以屯屠何单于在章和二年（88年）七月提出这一计划时，以为各路兵马，"讫九月龙祠（案，指匈奴在九月戊日举行的祭祀天神的活动，依照惯例，此时南匈奴将会集诸部于一地），悉集河上"，便可以举兵北上。（《后汉书》卷八九《南匈奴传》）

不过，事实上，这是与后来实际出征的部队很不相同的另一套兵马。

四、天将天兵

窦太后启用窦宪，给他安了个"车骑将军"的头衔压在耿秉的上边，使得情况发生了很大的改变。窦太后需要给她的大哥更高的配置，以与这位"天将"的地位相称。

于是，我们就看到了上一节开头讲述的那三路北征大军。在这三路大军的统兵将领中，单于屯屠何、左谷蠡王师子和左贤王安国这几位匈奴头领所统率的自然是南匈奴自己的蕃兵蕃马，毋须赘述，而窦宪、耿秉和邓鸿这几位天朝将领直接统辖的"天兵天马"，还需要做一些分析和说明。

这里先从级别较低的度辽将军邓鸿说起。前面我已经谈到，屯屠何单于提议度辽将军邓鸿领兵参战，是想让他带着度辽营的军士出征的。可是，他带的是什么人呢？尽管《后汉书·南匈奴传》记述说当时是"以（耿）秉为征西将军，与车骑将军窦宪率骑八千，与度辽兵及南单于众三万骑，出朔方击北虏"，这"度辽兵"三字，很容易给人以度辽营军兵的印象。但《后汉书·南匈奴传》下文复明确记述说，关于这场战役的具体情况，"事已具《窦宪传》"，这是遵循西晋人陈寿在《三国志》中创立的一事不两载原则，确定在《窦宪传》中载录这次北征之役的详细内容。也就是说，按照《后汉书》纪事的通例，详细的叙述，要以《窦宪传》的记载为准，而《窦宪传》却记述说"度辽将军邓鸿及缘边义从羌胡八千骑，与左贤王安国万骑出稒阳塞"。因为《后汉书·窦宪传》一一开列了每一支北征军的具体数目，而在这里并没有提到度辽营的人员，仅仅讲述随从于邓鸿的"缘边义从羌胡八千骑"，这显示出度辽营的士兵并没有参与北征，至少成规模的战斗部队并未出离营地，《后汉书·南匈奴传》所谓"度辽兵"，恐怕应该是"度辽将军所率缘边义从羌胡兵"的意思。

为什么会发生这种变化呢？首先，朝廷已经另外征调了屯屠何没有提到的"北军五校、黎阳、雍营"等军兵。（《后汉书》卷二三《窦宪传》）从出兵的数量上看，这次对北匈奴作战的主角，仍然是南匈奴的军队。前面已经谈到，屯屠何单于主动提议邓鸿率领度辽营一同出征的目的，是为减缓汉廷的疑忌，以之监督自己的行动。现在，既然另有其他朝廷的部队参与，度辽营这一角色，也就可以由"北军五校、黎阳、雍营"等军兵来承担，这次已不是非出动不可。

度辽营不是非出动不可，但这支军队与南匈奴密迩相处，相互都比较熟悉，一同出动，对整个军事行动的协调配合，显然更为有利，那么它又为什么偏偏没有出动呢？个中奥妙，似乎也不难窥知。

前已述及，南匈奴鼓动汉廷讨伐北匈奴，其本意是想要"破北成南，并为一国"，让自己统率部属，"还归旧庭"，成为大漠南北的新主宰，但即使是最先积极支持此举的耿秉，着眼点也只是"以夷伐夷"，而不是灭掉北匈奴而成全南匈奴（《后汉书》卷八九《南匈奴传》）；至于站在反对立场上的宋意，更特别强调决不能顺从南匈奴的意愿，去做这种"去安即危"的蠢事。

虽然窦太后出于自己的政治盘算，最终决定出兵北伐，但以宋意为代表的朝臣的忧虑，她也不会置之不理。因为要是无视眼前这一直接威胁，听任南匈奴藉此坐大，重新成为北匈奴第二，那又何必劳师动众，兴兵北伐呢？

考虑到这一背景，我们也就能够明白，留下因长期与南匈奴并处一地而熟知其情况的度辽营，可以对留在东汉边地的其他南匈奴人、特别是那些出征军士的眷属起到有效的监控作用，防止他们在前方得手后逃脱北去，与出征的南匈奴军人合归一体。这样一来，参与作战的南匈奴军兵就只能老老实实地遵奉汉廷的旨意进退行止。史载南匈奴单于屯屠何在随从窦宪北征并歼灭北匈奴之后，"竟不北徙"，即并没有实现其预计的图谋（《后汉书》卷四一《宋均传附宋意传》），度辽营军兵坐镇监视，应当发挥了很大的作用。

按照《后汉书·窦宪传》的记载，度辽将军邓鸿不带自己度辽营的兵马而带领的却是"缘边义从羌胡八千骑"，那么，这八千"缘边义从羌胡"又是来自何处呢？

"缘边"是指靠近东汉边界的地方；"义从"二字，单纯从字面上看，应是慕义随从的意思。元人胡三省在注释《通鉴》时，把这一词语解释为"自奋愿从行者"（宋司马光《资治通鉴》卷四六，章帝建初五年五月，元胡三省注），应当大致可从。

"缘边"、"义从"这些文词都比较容易理解，不过"羌胡"的语义稍显复杂，需要做一些说明。

简单地说，"羌"就是"羌"，"胡"就是"胡"。从地理方位上看，对于汉朝而言，北边的外夷大多是"胡"，匈奴是"胡"，乌桓是"胡"，"鲜卑"也是"胡"，而居住在西部青藏高原东缘的一部分外夷，才被称作"羌"。《后汉书》卷八七《西羌传》记述说，这一族人乃"出自三苗"。也就是说，其最初的来源，是华夏的南土，同北边诸胡没有一星半点儿瓜葛。

当年西汉昭帝时桑弘羊在盐铁会议上讲述说："匈奴据河山之险，擅田牧之利，民富兵强，行人为寇，则句注之内惊动而上郡以南咸城。文帝时虏入萧关，烽火通甘泉。群臣惧不知所出，乃请屯京师以备胡。胡西役大宛、康居之属，南与群羌通。先帝推让斥夺广饶之地，建张掖以西，隔绝羌、胡，瓜分其援。是以西域之国皆内拒匈奴，断其右臂。"（汉桓宽《盐铁论·西域》）这段话就很好地体现了"羌"与"胡"之间的方位和种族关系，故汉武帝"西置酒泉郡以隔胡与羌通之路"。（《汉书》卷九四上《匈奴传》上）

从这一基本语义上讲，所谓"羌胡"，也就是兼指羌人与胡人。尽管后世某些人有时会很含混地使用"羌胡"一词，以之特指羌人，如曹魏时人如淳就这样用过，但却遭到唐人颜师古的斥责（《汉书》卷六九《赵充国传》唐颜师古注），《后汉书·窦宪传》所说的"羌胡"不会是这样的涵义。

不过，青藏高原上居住的并不都是羌人。东汉的时候，也有一部分胡人。例如，就在羌人生活的湟水谷地，便有一批在西汉时原本居住在敦煌、祁连之间的月支之胡与其相互错杂，且"依诸羌居止"，自号"小月支"，而时人或称作"湟中月支胡"。（《后汉书》卷一六《邓训传》、卷八七《西羌传》，《汉书》卷九六上《西域传》上）若是再仔细斟酌"义从"二字在当时的具体语义，那么《后汉书·窦宪传》所说"缘边义从羌胡"的"胡"字，就颇有可能是指这些月支胡人。

《后汉书》卷一六《邓训传》载其西行入羌行事云：

章和二年，护羌校尉张纡诱诛烧当种羌迷吾等，由是诸羌大怒，谋欲报怨，朝廷忧之。公卿举训代纡为校尉。诸羌激忿，遂相与解仇结婚，交质盟诅，众四万余人，期冰合度河攻训。先是小月氏胡分居塞内，胜兵者二三千骑，皆勇健富强，每与羌战，常以少制多。虽首施两端，汉亦时收其用。时迷吾子迷唐，别与武威种羌合兵万骑，来至塞下。未敢攻训，先欲胁月氏胡。训拥卫诸胡（德勇案："诸胡"，自唐李贤注本即书作"稽故"，然文义不通。据上下文义，"故"应为"胡"字形讹，而李贤注范书引《东观汉记》书此二字作"诸故"，虽"故"字与李贤注本范书相同，并属讹文，"诸"字却当为旧文原貌，故改书作此），令不得战。议者咸以羌胡相攻，县官之利，以夷伐夷，不宜禁护。训曰："不然，今张纡失信，众羌大动，经常屯兵，不下二万，转运之费，空竭府帑，凉州吏人，命县丝发。原诸胡所以难得意者，皆恩信不厚耳。今因其迫急，以德怀之，庶能有用。"遂令开城及所居园门，悉驱群胡妻子内之，严兵守卫。羌掠无所得，又不敢逼诸胡，因即解去。由是湟中诸胡皆言"汉家常欲斗我曹，今邓使君待我以恩信，开门内我妻子，乃得父母"。咸欢喜叩头曰："唯使君所命。"训遂抚养其中少年勇者数百人，以为义从。

看了上面这段记载，首先我们能够了解，所谓"义从"，除了元朝人胡三省所说"自奋愿从行者"这一字面上的语义之外，在这里实质上还有其特定的具体涵义，大致可以说是一种被汉廷引诱来的外夷志愿兵，或者说多少有点儿像当今法国的"外籍军团"。总之，是一种附属于东汉王朝的特殊作战人员或特殊作战部队。

在邓训组织月支诸胡为义从之前，"义从"这一称谓在《后汉书》中极为罕见。其首见于《后汉书》，是在章帝建初五年（80年），乃有平陵人徐干，"将弛刑及义从千人"，从内地奔赴疏勒，以协助班超敉平西域。（《后汉书》卷四七《班超传》）由于这些"义从"来自内地，故应属汉人"志愿者"（究其实质，这些"义从"应属徐干自行招募的兵员。盖东汉的兵员本以招募和谪发为主，不再像西汉一样主要依赖征兵），也就是胡三省所说的"自奋愿从行者"，与邓训抚养的特殊胡人群体性质很不相同。

这样一来，被我解作"外籍军团"的"义从"人员，就是始自邓训在章和二年（88年）组织的这批月支胡人了。按照《后汉书·邓训传》叙述的次序，这件事，应当发生在章和二年年初的时候。在这一年春季稍后的日子里，邓训率军袭击不服汉朝统治的羌人首领迷唐，战斗过程中随从邓训的"义从羌胡并力攻破之"，大有斩获。（《后汉书》卷一六《邓训传》）显示出邓训组织的"义从羌胡"不仅限于月支胡人，同时还招降纳叛，罗致很多羌人。同时，这些"义从羌胡"也达到了较大的规模，并且已具备很强的作战能力，算得上是一支素质精良的部队。

这支出自湟水谷地的羌胡联军，后来在东汉的历史上，产生很大影响，其或羌或胡单独行动，又被分别称作"湟中义从羌"（《后汉书》卷六五《段颎传》），或是"湟中义从胡"（《后汉书》卷八《灵帝纪》、卷五一《庞参传》、卷七二《董卓传》）。其实质性质，与南匈奴降附后为汉廷护卫北部边疆一样，都是汉廷藉用边地夷族的兵力供其使用，而这在很大程度上也是东汉在罢废普遍征兵制度之后因兵员不足而不得不采取的办法。

充分考虑这些情况，我认为就有足够的理由推测，章和二年（88年）的下一年永元元年（89年）随同窦宪出征北匈奴的"缘边义从羌胡八千骑"，其中有很大一部分，应该就是湟水谷地的羌、胡两族联军。这也符合《燕然山铭》"西戎、氐羌"的说法。盖"西戎"为月支，"氐羌"就是指西羌。再对比班固在《车骑将军窦北征颂》"羌戎相率"的提法（见唐宋间佚名纂《古文苑》卷一二），尤其容易理解，"羌"与"戎"在这里都有特定的指称对象，讲的正是湟水谷地羌与月支这两族的军兵。

此羌、胡两族能够合兵同行，也是基于他们之间的特殊关系。这是因为迁至湟水谷地的月支人，既"依诸羌居止，遂与共婚姻"，到东汉时已经"被服、饮食、言语略与羌同"。（《后汉书》卷八七《西羌传》）这样近密的关系，也很有利于羌兵与胡兵协同作战。

羌、胡之间有联姻的关系，统管这些"义从羌胡"的护羌校尉邓训，与随同窦宪北征的度辽将军邓鸿，则是亲兄弟关系。邓训是邓鸿的六哥，邓鸿是邓训的小弟。邓训没有直接带领这些"义从羌胡"参与窦宪北征之役，很可能是羌中局面赖其刚刚稳定下来，他若是骤然离开，很容易发生变故，还是坐镇监控比较稳妥。与此同时，把这支"义从羌胡"的军队，交给自己的亲兄弟指挥，也很容易取得从军羌胡的信任。

至于《燕然山铭》所说"西戎、氐羌"的"氐"字，我理解并不是实指今四川盆地西部边缘高原山地上的氐人。氐、羌都位于华夏西部边陲，而羌人的居地偏北，氐人偏南。先秦文献，往往"氐羌"连称，概指西鄙夷人。如《诗经·商颂·殷武》即有句云："维女荆楚，居国南乡，昔有成汤，自彼氐羌，莫敢不来享，莫敢不来王，曰商是常。"（参见清陈奂《诗毛氏传疏》卷三〇）班固在《燕然山铭》中所称"氐羌"，应该就是藉用这个典故，以之代指羌人。通观《燕然山铭》，我们可以看到，诸如"惟清缉熙"之句以及"鹰扬之校"的"鹰扬"、"元戎轻武"的"元戎"等，都是在用《诗经》的成语，因而这里藉用《商颂》的"氐羌"以实指"羌人"，也是合情合理的做法。

不管怎样，人们应该很容易理解，从遥远的青藏高原调集来这些"义从羌胡"并为其配置相应的装备和给养，自然需要花费一定的时间，不会轻而易举地"召之即来，来之能战"。

除了来自湟水谷地的这些羌人或是胡人之外，《燕然山铭》中还提到有"东胡乌桓",与"西戎、氐羌"并列,谓之曰"东胡乌桓,西戎、氐羌,侯王君长之群",班固在《车骑将军窦北征颂》中也讲到"羌戎相率,东胡争骛"(见唐宋间佚名纂《古文苑》卷一二),其中的"东胡乌桓"或者"东胡",当然不会是虚写,也应该属于"缘边义从羌胡"之列。

据《后汉书》卷九○《乌桓传》记载,在东汉建武二十五年(49年),"辽西乌桓大人郝旦等九百二十二人率众向化,诣阙朝贡。……乌桓或愿留宿卫,于是封其渠帅为侯王君长者八十一人,皆居塞内,布于缘边诸郡,令招来种人,给其衣食。遂为汉侦候,助击匈奴、鲜卑"。这里所说"侯王君长",正与《燕然山铭》的"侯王君长之群"相合,所以在邓鸿所率领"缘边义从羌胡八千骑"中,应该有一部分兵人员,就是来自这些"侯王君长"属下的乌桓军兵。

这些人的身份,虽然严格说来,并不属于前文所讲述的"义从",但他们一直"为汉侦候,助击匈奴、鲜卑",性质已与湟中"义从羌胡"十分相近。再考虑到东汉朝廷的北军中还特设一个"主乌桓骑"长水校尉(晋司马彪《续汉书·百官志》四),这些作为宫廷宿卫的乌桓骑兵,自然要比普通"义从羌胡"更贴近汉廷。因此,《后汉书·窦宪传》用"义从羌胡"来概括这两类外夷军兵也算大体合理。

现在我们再来通看《燕然山铭》中"东胡乌桓,西戎、氐羌,侯王君长之群"这段话,就会明白,本来源自"东胡乌桓"的"侯王君长之群",之所以会被写在"西戎、氐羌"句下，就是因为这里讲述的"东胡乌桓"和"西戎、氐羌"的兵马本来具有非常相近的性质，故所谓"侯王君长之群"实际上应是兼该二者为言，并不仅仅是专指"东胡乌桓"的骑兵而已。至于"西戎、氐羌"的并列句式与"东胡乌桓"的修饰限定性句式的差异，这也并无大碍，因为《燕然山铭》本来就不是规范的骈文，甚至文中的骈句也并不严整。

乌桓本来居住在汉朝东北塞外，但这些"布于缘边诸郡"的乌桓人员，并非仅仅居处于东汉东北边地诸郡。当时东汉朝廷对他们的具体安置办法，是"使居塞内，布列辽东属国、辽西、右北平、渔阳、广阳、上谷、代郡、雁门、太原、朔方诸郡界"（《三国志》卷三〇《魏书·乌丸传》刘宋裴松之注引王沈《魏书》）。把这些散布于各地的乌桓军士抽调集中到一起，再开往汉朝北征军出发的河套地区，同样需要花费很多时间。

如上所述，邓鸿统领的这支所谓"缘边义从羌胡"的军队，其中绝大多数人并不靠近汉廷北征军的出发地点，甚至离开其出发地点已经很远。那么，汉廷直属的其他各支队伍呢？行动起来，同样也不是那么便捷。

除了前面提到的"北军五校、黎阳、雍营"军兵之外，窦太后还给她大哥特别配备了"缘边十二郡骑士"（《后汉书》卷二三《窦宪传》）。这"缘边十二郡"具体是指哪些属郡，前人虽然也做过一些解释，但都没有比较可靠的依据，实在难以令人信从（例如，元人胡三省注《通鉴》，指实这十二个边郡是上郡、西河、五原、云中、定襄、雁门、朔方、代郡、上谷、渔阳、安定、北地，但为什么是这十二个郡，胡氏没有具体说明，而我目前还看不出其道理何在）。不过，如上一节所述，南匈奴屯屠何单于本来就向汉廷提议，可令"西河、云中、五原、朔方、上郡太守并力而北，令北地、安定太守各屯要害"，这里边应当自有他的道理。所以西河、云中、五原、朔方、上郡这五个郡，总应包括在内，同时北地、安定两郡或许也会参与其事。其余几个郡，终归也都应地处北边。

一方面，这些边郡的军队与匈奴常有碰撞，熟悉军情，平日都有对匈奴作战的准备，参与北征，比较容易；另一方面，就是这些郡邻近北方大漠，也靠近北征军实际出发的地点，其所属军兵，集结出征，相对比较便利。过去有文献记载称东汉"边郡太守各将万骑"（晋司马彪《续汉书·百官志》五梁刘昭注引《汉官仪》），从窦宪北征实际动用的兵力来看，"万骑"这个数字肯定不符合实际，疑为"百骑"或"千骑"的讹误。因为边郡若是有如此强大的兵力，也就无须出动京师卫戍部队"北军五校"了。尽管如此，因汉廷"唯边郡往往置都尉及属国都尉"，用以"典兵"，且"稍有分县，治民比郡"（晋司马彪《续汉书·百官志》五），各边郡自应常备有一定的兵力，可供调遣。

接下来所要谈的，就是东汉朝廷部署在内地的骨干部队了，这也就是"北军五校、黎阳、雍营"这几支军兵。

这里所说的"北军五校"，是指当时由北军中候监管的屯骑校尉、越骑校尉、步兵校尉、长水校尉和射声校尉这五个校尉属下的军兵。这五个校尉，掌管的都是"宿卫兵"，其中长水校尉，除了像其他四个校尉一样"掌宿卫"之外，比较特别的是，这一校尉乃专门"主乌桓骑"（晋司马彪《续汉书·百官志》四），也就是由乌桓人组建的骑兵。

这五大校尉及其下辖兵力，在通常情况下，自然是驻扎在京师，必要时或扈从车驾出行，或者"绕宫屯兵"（晋司马彪《续汉书·礼仪志》下），是卫尉所掌宫门之外的皇帝和京师守备部队，其职能大致相当于现在的北京卫戍区。北军五校尉下辖兵力的员额，多是七百人，只有长水校尉领"乌桓胡骑七百三十六人"（晋司马彪《续汉书·百官志》四梁刘昭注引《汉官》），比其他四个校尉稍多一些，但也多不了多少。由于这北军五大校尉总兵力只有三千多人，能够随同窦宪出征的军士自然相当有限。

不过，这支军队的出动，会有很强的政治象征意义。因为它也可以说是守护天朝的禁卫军，是一支地地道道的"天兵"。出动它，可以充分显示天朝的威力。问题是这支"天兵"驻守在天子脚下，是在京师洛阳，而这里离北边前线很远。

所谓"黎阳、雍营"，分别是指黎阳营和雍营。

黎阳营设在京畿以东黄河北岸的黎阳（今河南浚县），在冀州境内。据云其设置缘由，是"光武中兴，以幽、冀、并州兵骑克定天下，故于黎阳立营，以谒者监之"（《后汉书》

卷二三《窦宪传》唐李贤注引《汉官仪》)。这个监军的谒者，隶属于主要负责"宿卫宫殿门户"的光禄勋下（晋司马彪《续汉书·百官志》二），可见是直属于朝廷的。

雍营设在关中西部的雍县（今陕西凤翔），《后汉书·窦宪传》唐李贤注引《汉官仪》，尝谓"扶风都尉部在雍县，以凉州近羌，数犯三辅，将兵卫护园陵，故俗称雍营"，似乎"雍营"只是扶风都尉所辖军兵的一个俗称。

实则雍县虽在右扶风境内，但东汉光武帝建武六年（30年），"省诸郡都尉，并职太守"，右扶风当然也同样省去都尉一职。至汉安帝时，"以羌犯法，三辅有陵园之守，乃复置右扶风都尉、京兆虎牙都尉"（晋司马彪《续汉书·百官志》五），即"扶风都尉"应属"右扶风都尉"的省称，而在安帝之先十几年的永和元年（136年），窦宪即已征调雍营士兵出征，永元九年（97年），又曾随征西将军刘敞等征讨烧当羌（《后汉书》卷四《和帝纪》、卷八七《西羌传》），可见"雍营"的存在并不以所谓"扶风都尉"亦即"右扶风都尉"设置与否为前提，自与黎阳营一样，只是因屯兵地点而命名。

实际上是朝廷在永初四年（110年）二月乙丑"初置长安、雍二营都尉官"，亦即在已有的长安营和雍营新设了京兆虎牙都尉和右扶风都尉。(《后汉书》卷五《安帝纪》) 同黎阳营、雍营一样，所谓"长安营"的得名，也是因其地在长安(《后汉书》卷八七《西羌传》)，惟因"京兆虎牙都尉"的设立，后来复有"京兆虎牙营"的别称。(《后汉书》卷八九《南

匈奴传》)

从军营的名称和统属职官的变迁来推测，长安营、雍营应与黎阳营一样，起初都由光禄勋属下的谒者监之，亦即直属于朝廷管理。其实黎阳营也有一个类似"京兆虎牙营"的称谓，即"黎阳虎牙营"。(《后汉书》卷八九《南匈奴传》)据此推测，所谓"虎牙"，很可能是黎阳、长安和雍营共同附缀的一个称谓，以体现其汉廷虎师的特点，而不会是普通的地方部队。后来在安帝永初四年（110年）二月，因羌人内侵关中甚剧，为有效组织防守，才改归驻地行政主官领属，亦即分别将长安营和雍营划归京兆尹与右扶风管辖，并特设京兆虎牙都尉和右扶风都尉这两个武职来具体指挥调度，"长安虎牙营"也衍变成了"京兆虎牙营"。《后汉书·西羌传》记述说，京兆虎牙都尉和右扶风都尉这两个官职乃"如西京三辅都尉故事"，而所谓"西京三辅都尉"即如各郡太守配置的军事佐贰"都尉"一样，是当地地方官员，可见这一记载已经指明其分别隶属于所在行政区域的实际状况。

上引《汉官仪》解释说，雍营的设置，是为"护卫园陵"，也就是防守西汉诸帝的陵寝。其实《汉官仪》的全文，是说同样的职能也适用于长安营。(《后汉书》卷八九《南匈奴传》唐李贤注引《汉官仪》)但如上所述，《汉官仪》这种说法，讲的是安帝永初四年（110年）二月以后的情况，是讲朝廷特设京兆虎牙都尉和右扶风都尉之后这两个军营的主要职能。那么，在此之前，东汉朝廷又为什么要设置这三大军营呢?

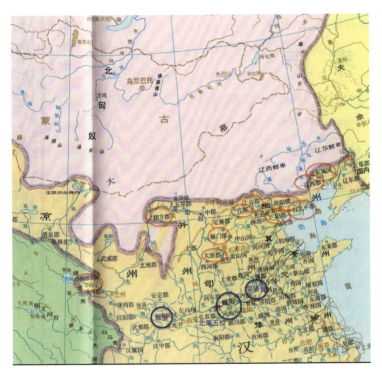

汉廷北征军地域来源示意图

在安帝永初四年（110年）二月以前，雍营、长安营、黎阳营这三大军营，沿渭河之滨到黄河岸边，自西向东，一字排开。再加上京师洛阳的北军五大校尉军营，正居于长安、黎阳两营中间。通观东汉王朝的整个军事地理布局，这一系列军营的设置，既有护卫京师以及关中列祖列宗陵寝的需要，更是确保举国安定的重要措施。

盖中国古代的军事重心恒在中原，而关中居高临下，是扼制中原的第一战略要地。当年汉高祖刘邦舍洛阳而西据关中，就是想依托这一战略要地，"搤天下之亢而拊其背"（《史记》卷九九《刘敬叔孙通列传》）。东汉在关中设置长安营和雍营，应当是出于同样的全局性战略安排，它既是京师洛阳安全的重要保障，更是对中原地区潜存异动的有力震慑。黎阳营与京师洛阳五校尉互为犄角，首先是拱卫京城的一支生力军，但同时它也位于中原腹心地带，军营旁就是黄河下游最重要的渡口白马津，控制着黄河南北的交通联系，一旦天下有事，南北调动相当便捷，所以朝廷才会把这所军营设置在这里。

现在让我们后退一步，把它放在东汉时期国家武装力量配置的总体背景下，以便更加清楚地了解"渭河—黄河"一线这几大军营设置的战略意义。东汉时期内地各郡一般不再设置都尉（晋司马彪《续汉书·百官志》五），这也就意味着内地诸郡在一般情况下是没有常备兵员的，东汉废除西汉时期的普遍征兵制度，与此是同步施行的。像前面提到的分别在京兆尹和右扶风设置京兆虎牙都尉和右扶风都尉，乃是安帝永初四年（110年）二月以后针对羌人内侵而采取的特别措施。在内地各郡普遍无兵常设的背景下，由雍营、长安营、北军五校尉和黎阳营构成的这一线长蛇阵，便宛如一柄长剑，拦腰横插在汉家大地的中央，算是地地道道的皇家"中央军"。一旦天下有所不测，南挥北舞，都很容易控制局面。

明了这些驻军的重要地位和作用，我们也就很容易理解，东汉朝廷手中常设的武装力量，除了前面所说的边郡驻军之外，最主要的就是北军五校尉和黎阳营、长安营、雍营这几座军营的兵马了。

窦宪此番出征，既带有边郡的"缘边十二郡骑士"，还带有"北军五校、黎阳、雍营"的军兵，可以说差不多是倾尽"举国之兵"了（唯一没有出动的中央主力部队只有长安营），足见窦太后为确保乃兄此番如愿得胜回朝，做出了充分的准备（尽管实际出征的人数，并不是很多，据《后汉书·窦宪传》记载，除了南匈奴兵和所谓"义从羌胡"兵之外，真正"汉军"的总数只有八千人左右，但汉廷在内地这些军营所配置的员额本来就不是很多，例如，《后汉书·南匈奴传》唐李贤注引《汉官仪》有记载的大名鼎鼎的黎阳营，也仅"领兵骑千人"，因而不能仅仅从依据兵员的数量来判断其意义和作用）。

经过上述一番说明，我们也就清楚了解了窦宪出征北匈奴之役参战军队的地域来源。如前所述，这本是历史军事地理研究中的一项重要内容。同时我们也很容易理解，要想把"北军五校、黎阳、雍营"这些"中央军"的兵马如愿调集到北征的前线，不管是遥远的空间距离，还是与其身份、地位相匹配的军需给养，自然都要大大迟滞出兵的时间。

五、师出阴阳山

现在就让我们以谭其骧先生主编的《中国历史地图集》

作为地域空间的基础，依据《后汉书》等原始文献的记载，再结合《燕然山铭》刻石所在的位置和铭文的叙述，来重新比定窦宪此番率军北征所经行的主要地点和路线。

关于这次战役地理进程的记载，主要见于《后汉书》卷二三《窦宪传》，但也实在过于简略：

> 宪与秉各将四千骑及南匈奴左谷蠡王师子万骑，出朔方鸡鹿塞；南单于屯屠河将万余骑，出满夷谷；度辽将军邓鸿及缘边义从羌胡八千骑，与左贤王安国万骑，出稠阳塞。皆会涿邪山。
>
> 宪分遣副校尉阎盘、司马耿夔、耿谭将左谷蠡王师子、右呼衍王须訾等，精骑万余，与北单于战于稽落山，大破之，虏众崩溃，单于遁走。
>
> 追击诸部，遂临私渠比鞮海。斩名王已下万三千级，获生口马牛羊橐驼百余万头。
>
> 于是，温犊须、日逐、温吾、夫渠王柳鞮等八十一部率众降者前后二十余万人。
>
> 宪、秉遂登燕然山，去塞三千余里，刻石勒功，纪汉威德。

下面就对上述记载，逐一加以解析。

总的来说，在这场战役中，汉朝北征的一方，是兵分三路，搜索前进，再会师于涿邪山。

这三路兵马中，主帅窦宪、副帅耿秉和南匈奴左谷蠡王师子这一路，是从朔方郡的鸡鹿塞出发。这个鸡鹿塞是汉廷设在阳山（今狼山）山脉上的一个重要关塞，西汉时期就有。在西汉朔方郡下属的窳浑县"有道西北出鸡鹿塞。屠申泽在东"（《汉书》卷二八下《地理志》下），显示出这里控扼着边塞内外的一条重要通道。西汉宣帝甘露三年（公元前51年）正月，匈奴呼韩邪单于来朝，汉廷派人护送其北返时，即"送单于出朔方鸡鹿塞"（《汉书》卷九四下《匈奴传》下），显示出这是一条平时常行的大道。

南匈奴单于屯屠何这一路兵马出发的"满夷谷"，唐人李贤注释说，这实际上也是一座关口，称作"满夷谷阙"（《后汉书》卷四《和帝纪》唐李贤注。案，今中华书局点校本将其读作"满夷谷，阙"，意即注解阙失，不确。《册府元龟》迻录《后汉书》此文，今残存宋刻本文字本与《后汉书》相同，而明崇祯本《册府元龟》却将其改镌为"满夷谷，关名"。尽管这一改动并不适宜，但从中可以看出，改动这处文字的学人是把原文的"阙"字理解为"关隘"的，亦即设在满夷谷上的一道门阙）。

史载后来在和帝永元六年（94年），因永元元年曾随同窦宪出征的左谷蠡王师子被立为南匈奴单于，致使所谓"新降胡"凡"十五部二十余万人皆反畔，胁立前单于屯屠何子奥鞬日逐王逢侯为单于，遂杀略吏人，燔烧邮亭庐帐，将车重向朔方，欲度漠北。……冬，邓鸿等至美稷，逢侯乃乘冰度

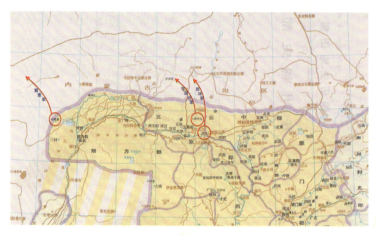

汉廷北征军三路兵马出塞地点示意图

隘，向满夷谷。南单于遣子将万骑，及杜崇所领四千骑，与
邓鸿等追击逢侯于大城塞，斩首三千余级，得生口及降者万
余人。冯柱复分兵追击其别部，斩首四千余级。任尚率鲜卑
大都护苏拔廆、乌桓大人勿柯八千骑，要击逢侯于满夷谷，
复大破之。前后凡斩万七千余级。逢侯遂率众出塞，汉兵不
能追"（《后汉书》卷八九《南匈奴传》）。

　　大城塞在黄河南岸，距离河水已经很远，而且位于满夷
谷的西南方向；同时度辽将军驻扎的曼柏和南单于王庭所在
的美稷，又都位于满夷谷的东南方向，这些在《中国历史地
图集》上都有标绘。这意味着逢侯所率匈奴叛兵由大城塞逃
亡满夷谷的途中会更接近汉朝和南匈奴新任单于师子的军队，
可他却还是向满夷谷奔逃。由这一事件可以看出，这条满夷

谷谷道，应是黄河所谓"前套"亦即黄河大转弯东北部区域出往塞外的主要通道。不然的话，逢侯就不会逃向这一通道。

"度辽将军邓鸿及缘边义从羌胡八千骑"，如上一节所述，我把它理解成"邓鸿将缘边义从羌胡八千骑"。不然的话，"缘边义从羌胡八千骑"无所统属而邓鸿一个光杆儿司令又出去干什么呢？须知度辽将军不仅"秩二千石"，更是一位实职的高级将领（晋司马彪《续汉书·百官志》一梁刘昭注引应劭《汉官仪》），当然是要独立担任统兵作战的任务，而不会是像班固那样的帮闲幕僚。《后汉书·和帝纪》简要载录窦宪北征史事，乃径谓"车骑将军窦宪出鸡鹿塞，度辽将军邓鸿出稒阳塞，南单于出满夷谷"，这更清楚点明邓鸿的方面军总指挥身份，参与北征之役的八千义从羌胡军兵理应由他直接调遣。

邓鸿统领的这支军队，其出发地点稒阳塞，设在汉五原郡的属县稒阳。作为沟通边塞内外的重要道路，其交通地位在西汉时期就很突出。史载西汉时期由五原郡稒阳县"北出石门障得光禄城，又西北得支就城，又西北得头曼城，又西北得虖河城，又西得宿虏城"（《汉书》卷二八下《地理志》下）。根据这一记载，所谓"稒阳塞"，显然是设在这条通道上的一处关塞。正因为稒阳这一关塞的重要地位，五原郡的东部都尉也被设在这个县里。（《汉书》卷二八下《地理志》下）

关于这几处关塞的具体位置，谭其骧先生主编的《中国历史地图集》，根据比较可靠的早期记载，都适当有所反映，可以说大体不误。但若进一步深入追究，则可以做出更为清楚一些的说明，而其具体的标绘缺陷，则是没有能够直接反映稠阳塞的位置，只是绘出了与其密切相关的五原郡稠阳县的县城而已。

更为合乎实际的画法，应是在固阳县城的北面，标记"稠阳塞"的位置。那么，为什么这样画呢？这是因为不管是"鸡鹿塞"也好，还是"满夷谷阙"也好，还是这个"稠阳塞"，都只能设在汉朝北部边防线所在的山间谷地，而汉代的稠阳县城，却是位于这道山脉的南坡之下，因而稠阳塞只能推定在稠阳县城以北的山地中间。

具体地说，在所谓"后套"地区，诸如鸡鹿塞这样的关塞，应是设在今狼山山脉的山间谷地之中，而"前套"地区的满夷谷阙和稠阳塞，则是位于阴山山脉的山谷之内。现在的狼山，在汉代称作"阳山"，和"阴山"的名称相对而言。（拙著《秦汉政区与边界地理研究》下篇第一章《阴山高阙与阳山高阙辨析》，对此有详细解说。）秦汉在阴山和阳山，都筑有长城，作为防备匈奴的屏障。阴山上的长城，是在战国时期由赵国最早修建，而阳山上的长城则是在秦统一后所建。

窦宪麾下的三路北征大军，分别由鸡鹿塞、满夷谷阙和稠阳塞出发，离开汉境，实际上也就是跨过阳山和阴山，进入蒙古高原。

花费很多篇幅具体说明汉朝北征军出发的关塞，除了这个问题是这次战役地理进程的重要组成部分，必须予以澄清之外，还有一重原因，这就是合理地解释《燕然山铭》中"凌高阙"一语的涵义。通观《燕然山铭》中"凌高阙，下鸡鹿，经碛卤，绝大漠"这几句话，可知"凌高阙，下鸡鹿"讲的是北征军出发的地点，但如上所述，三路汉军哪一路也没有经过高阙，《燕然山铭》的描述，并不符合实际。

为什么会是这样呢？从著述的体裁上看，班固作"文"与范晔写"史"文字表述形式上是有明显区别的。吾辈治史，在大的着眼点上，乃不宜以"文"辞而疑"史"义。清人钱大昕特别强调"读古人书，须识其义例"（清钱大昕《潜研堂文集》卷一六《秦三十六郡考》），讲的就是这样的道理。

高阙，是战国以来这一段北边长城上最著名关隘，其具体位置，曾经有过推移，即由阴山南麓的赵国北边长城向阳山之上秦朝北边长城的外挪，而推移到阳山上的高阙，到东汉时仍是一处著名的关隘。就在窦宪永元元年（89 年）这次出征之前十六年的明帝永平十六年（73 年），太仆祭肜即尝率兵"出朔方高阙"以伐北匈奴。（《后汉书》卷二《明帝纪》、卷八九《南匈奴传》）过去我在《秦汉政区与边界地理研究》下篇第一章《阴山高阙与阳山高阙辨析》中，详细阐释过这一变动的原委，有兴趣的读者，自可参阅。

透过《后汉书》的记载，我们可以知道，不管是早期战国时代阴山山间的高阙，还是后来嬴秦两汉时期在阳山新设的高阙，都与东汉永元元年（89 年）这次出兵毫无关系；特别是前述祭肜兵出高阙一事，说明高阙在东汉仍在行用，满夷谷阙或稒阳塞等关塞不会是旧时高阙改易的新名。

前面第四节在论述"氐羌"一语的涵义时，我已经谈到《燕然山铭》行文的用典问题。只有充分认识《燕然山铭》在文体性质上与《后汉书》纪事的根本性区别，我们才能理解《燕然山铭》中的"凌高阙"，只是藉用"高阙"这一名称来体现汉朝大军跨越边塞北上的事实而已，班固是用它来替代实际经行的满夷谷阙和稒阳塞，是"徒有虚名"而不是实写。在研究相关史事时，看待《燕然山铭》的文字，需要有通达的眼光，切不可过分拘泥。

六、燕然一回首

窦宪北征之役的地理进程，若是仅仅依据上一节引述的《后汉书·窦宪传》，能够做出的复原，不仅十分有限，同时在大的地域范围上也还相当含混。结合《燕然山铭》的文字，才能够勾勒出一个大致的轮廓。

然而，由于《燕然山铭》的传世文本，在一些关键词句上存在严重舛误，若是没有新近发现的刻石铭文，仍然很难厘清这一重大军事行动的真相；甚至还会受到传世文本中舛讹衍增文字的误导，得出错误的认识。

在《燕然山铭》当中，与汉军北征地理进程关系最为密切、同时也最为重大的一个字，是传世文本比摩崖刻石的原文衍增一个"遂"字。

在敝人订正后的《燕然山铭》中，其相关内容如下：

于是域灭区殚，反斾而还，考传验图，穷览其山川：逾涿邪，跨安侯，乘燕然。蹑冒顿之逗略，焚老上之龙庭。

按照这样的文本，这段内容的逻辑关系非常清晰，即"逾涿邪，跨安侯，乘燕然。蹑冒顿之逗略，焚老上之龙庭"这些作战的经历，是窦宪统率大军回师途中，在南入大漠之前的最后一站停留时，比照汉军携带的文献记载和匈奴地图，纵览其所经历的山丘川谷，对整个战役进程所做的一番回顾。

汉朝与匈奴，累世对峙冲突，当然会有足够的敌情数据，其中也包括至关重要的地图在内。例如，东汉光武帝建武二十二年（47年），匈奴"部领南边及乌桓"的右薁鞬日逐王比，也就是后来的首任南匈奴单于，在投附汉朝前夕，即曾"密遣汉人郭衡奉匈奴地图"，进献给朝廷当觐见礼。（《后汉书》卷八九《南匈奴传》）

既然是这样的回顾，班固用"逾涿邪，跨安侯，乘燕然。蹑冒顿之逗略，焚老上之龙庭"这些词句所表述的作战经历，就不能简单地与《后汉书·窦宪传》记述的涿邪山、稽落山、私渠比鞮海那一套行军路线相衔接，需要综合分析，才能合理地解读和运用这些内容。

同时，就"逾涿邪，跨安侯，乘燕然。蹑冒顿之逗略，焚老上之龙庭"这段话本身而言，也还是要充分考虑"铭文"与"史书"在行文运笔方面的区别。不宜把"蹑冒顿之逗略，焚老上之龙庭"看作是"逾涿邪，跨安侯，乘燕然"的后续行为，"蹑冒顿之逗略"与"焚老上之龙庭"也不一定是按照时间顺序前后相继发生的两件事情。因为这些内容都完全可以根据文词形式的需要而对其实际次序加以调整。

麻烦的是后来在流传的过程中，《燕然山铭》的传世文本在"逾涿邪"的前面衍增了一个"遂"字，成了"遂逾涿邪，跨安侯，乘燕然"云云的样子。按照其字面上语义，就很容易把"遂逾涿邪，跨安侯，乘燕然"这些行动看作是稽落山作战结束之后所发生的事情，甚至会把这些看作是永元元年（89年）这次北征之后汉军的第二次北征（关于这一问题，下一回我再详细讲述）。

下面就以《后汉书·窦宪传》的纪事为主，结合《燕然山铭》的描述，并以《中国历史地图集》标绘的位置为基础，复原永元元年（89年）这次北征之役的地理进程，并分析战场形势，尽可能阐释其内在原因。

首先，东汉出征的军队，是兵分三路，穿越大漠，向涿邪山进发。为什么会是这么一个分兵进击的样子呢？

第一，古今中外的大规模行军作战，都不可能把所有军兵堆到同一条线路上。这样统统挤到一起，人马摆不开，也不便沿途随时补充必须补充的给养（如饮水等），这一点是显而易见的。

第二，汉军对匈奴作战，往往需要搜索前进，寻找战机。因为匈奴骑兵在辽阔的草地上机动性很强，可以随意四方游动，既方便避而不战，也便于主动选择对决的战场。

在这一方面，匈奴是具有很大战略优势的，与之对峙的中原王朝，不管是秦朝，还是汉朝，都明显处于劣势。弥补这种劣势的办法之一，便是动用优势兵力，搜索前进，分进合击。谁找到谁打，在哪儿找到就在哪儿打；其他各路兵马，在条件适宜时也可以靠拢过来，并力攻打。

窦宪出发前把这三路大军进军的目标定为涿邪山，而汉朝和北匈奴的军队后来也确实是在那附近发生接触，展开战斗，其间的缘由，也有迹可循。

其中一项比较明显的原因，是因为涿邪山是北匈奴人的一个重要基地，北匈奴人很有可能据守这个地方。

永平十六年（73年）祭肜率军征讨北匈奴时，即"攻皋林温禺犊王于涿邪山。虏闻汉兵来，悉度漠去"，而逮祭肜退兵之后，"皋林温禺犊王复将众还居涿邪山"。（《后汉书》卷八九《南匈奴传》）再往前，在汉武帝天汉二年（前99年），也曾"使因杅将军（公孙敖）出西河，与强弩都尉（路博德）会涿邪山"，尽管其结果与后来的祭肜同样"亡所得"。（《汉书》卷九四上《匈奴传》上）但公孙敖等既然期望"有所得"，就说明涿邪山是匈奴人比较稳定而且重要的一个居住地点，不到万不得已是不会轻易放弃的。

就一般畜牧条件而言，北方游牧民族所谓"逐水草而居"，并不一定只是在平坦的草场上来回游荡，实际上在其选定季节性牧场的时候，还会充分利用各种起伏地貌所造成的有利条件。在蒙古高原上，由于山丘众多，地多起伏，夏季牧场一般是选择凉爽的山坡台梁（韩茂莉《中国历史地理十五讲》第八讲《畜牧业地理空间与草原游牧方式》），而窦宪北上的时间正值盛夏，所以北匈奴单于驻牧于涿邪山，也合乎正常的情理。

另一方面，在不得不面对汉军的进攻而与之对决时，匈奴方面为什么不把战场选择在其他地方，比如向前推进，在涿邪山前平坦一些的草地上展开战斗，而非要会战涿邪山呢？这与汉、匈双方各自的军事优势有关。

关于这一点，西汉文帝时晁错做过很好的论述：

> 臣又闻小大异形，强弱异势，险易异备。夫卑身以事强，小国之形也；合小以攻大，敌国之形也；以蛮夷攻蛮夷，中国之形也。

> 今匈奴地形技艺与中国异。上下山阪，出入溪涧，中国之马弗与也；险道倾仄，且驰且射，中国之骑弗与也；风雨罢劳，饥渴不困，中国之人弗与也：此匈奴之长技也。

> 若夫平原易地，轻车突骑，则匈奴之众易挠乱也；劲弩长戟，射疏及远，则匈奴之弓弗能格也；坚甲利刃，长短相杂，游弩往来，什伍俱前，则匈奴之兵弗能当也；材官驺发，矢道同的，则匈奴之革笥木荐弗能支也；下马地

斗，剑戟相接，去就相薄，则匈奴之足弗能给也：此中国之长技也。

以此观之，匈奴之长技三，中国之长技五。陛下又兴数十万之众，以诛数万之匈奴，众寡之计，以一击十之术也。（《汉书》卷四九《晁错传》）

简单地说，相比之下，匈奴的军队更擅长山地作战，汉朝的军队则擅长平原作战（当然这种所谓山地，是指蒙古高原和内地北方那些比较平缓的山坡，而不是陡峭的山峰）；特别是匈奴的"弓马"应较汉朝优良，具备一定优势（晋司马彪《续汉书·百官志》五梁刘昭注引应劭《汉官》谓"（匈奴）单于岁遣侍子来朝，谒者常送迎焉，得赂弓马氊罽他物百余万"。显而易见，这些"弓马"当胜于汉朝所装备于军兵者，所以匈奴才会持以进献），这样利用变化的地形"且驰且射"，会对汉军造成很大威胁。因而在涿邪山的山坡上与汉军决战，对北匈奴是比较有利的，因此他们才会在涿邪山上等待汉军的到来。

看到这里，有些人也许会问：那么北匈奴人为什么不先跑开，躲过风头再说？在这之前，既有前辈成功地躲过了公孙敖的进攻；在这之后，也有后人成功地躲过了祭彤的进攻。这时北匈奴单于又为什么不率众逃避了呢？

政治决策的选择，永远没有绝对的必然，而且往往是决策人物的主观判断影响具体的政治行为。当时的形势，北匈奴也不是完全没有退缩避战的可能，但余地确实不是很大。

史称章帝元和"二年正月，北匈奴大人车利、涿兵等亡来入塞，凡七十三辈。时北虏衰耗，党众离畔，南部攻其前，丁零寇其后，鲜卑击其左，西域侵其右，不复自立，乃远引而去"。这是永元元年（89年）窦宪出征四年之前的事情。后两年，亦即这次爆发之前两年的章帝章和元年（87年），复有"鲜卑入左地，击北匈奴，大破之，斩优留单于，取其匈奴皮而还。北庭大乱，屈兰、储卑、胡都须等五十八部，口二十万，胜兵八千人，诣云中、五原、朔方、北地降"（《后汉书》卷八九《南匈奴传》）。

特别值得注意的是，这些新降的北匈奴人还讲述了下面这样一段话：

> 去岁三月中发虏庭，北单于创刈南兵，又畏丁令、鲜卑，遁逃远去，依安侯河西。（《后汉书》卷八九《南匈奴传》）

在汉朝方面，有侍御史鲁恭也讲到同样的情况，谓"今匈奴为鲜卑所杀，远藏（藏）于安侯河西"（《后汉书》卷二五《鲁恭传》。案，"安侯河"原作"史侯河"，"史"应是"安"字形讹，参据《后汉书·南匈奴传》改），这意味着北匈奴的处境已经相当窘迫，疆土的范围也已颇为窄小。

历史上以蒙古高原为主体的草原大帝国，在疆域上，通常都是以今鄂尔浑河流域为核心，东据大兴安岭，西有阿尔泰山，南北横跨大漠两侧。其中鄂尔浑河流域水草丰美，为其经济腹地，同时也是政治中心。做个不太妥帖的比方，鄂尔浑河流域之于北方草原政权，可以说大致相当于黄河中下游区域之于中原王朝，不到万不得已，是不会轻易放弃这里的。反过来看，若是失去鄂尔浑河流域，这个草原帝国也就岌岌可危，难以存续了。

安侯河即今鄂尔浑河，这些新附降人讲述说北匈奴遁逃远去而"依安侯河西"，即指章和元年（87年）"鲜卑入其左地"一役给北匈奴造成的重创。（《后汉书》卷三《章帝纪》）显而易见，鲜卑的势力至少已经严重威胁安侯河东岸一侧的安全，使其不得不暂时放弃了原来位于安侯河东方的单于之庭；甚至有可能已经完全失去安侯河以东地区。

在这种情况下，北匈奴能够与汉朝军队回旋的余地，已经非常有限。这就是他们在涿邪山上坐待汉朝军队的一项重要原因。国势国运已然如此，是福不是祸，是祸躲不过，不这样又能怎么办呢？

那么，北匈奴人是不是就这样傻乎乎地在山上坐以待毙呢？当然不是。他们也需要根据汉军的动向调整部署，以更有针对性地备战迎战。

匈奴不仅会针对汹汹而来的汉军放出游动的骑兵侦探，随时获取汉军的消息，而且在其边地，还常年设有守边的哨兵。通常汉军甫一入境，匈奴的头领立刻就会掌握相关的情况。

现在有很多食洋不化的学人，不知根据哪一位著名西洋学者的经典著述，说什么在近代"民族国家"形成之前，全世界的古人一向都没有"边界"的概念，更没有有形的边界。我曾不止一次向讲述者求教：像中国古代的长城、铜柱，即使是在今天，同样的边界标识也还极为罕见，若是没有边界，那么长城和铜柱又是做什么用的呢？面对如此清晰的事实，又应该如何解释这种奇妙的理论呢？不过一直没有人给我答案。

其实不仅是中原的汉族政权，世界上任何一种政治权力，都一定会有它所能控制的边界线。匈奴人在它的边界线，设有一种守边设施，称作"瓯脱"，用以候望侦伺入境的外族。（《汉书》卷九四上《匈奴传》上并唐颜师古注）在这里，"瓯"是边缘的意思，"脱"是指候望侦伺的小土屋。（别详拙文《秦汉象郡别议》，刊刘东主编《中国学术》第36辑）有了这种"瓯脱"，涿邪山上的北匈奴人也就更容易预先探知分成三路前来的东汉军队。

汉廷这三支兵马的布置形式是：西面和东面这两侧的军队，虽然各自都有万名南匈奴军兵，但却分别都由汉将统领，在他们手下还各自配置有八千名汉廷重兵和八千名来自湟水谷地的"义从羌胡"；只有中间一支的一万名南匈奴军兵，由南匈奴单于屠何统领，没有朝廷的将领和士兵同行。像这样把南匈奴单于统领的匈奴军队裹挟在中间，也可以对其"破北成南，并为一国"的意图有所牵制，防止屯屠何乘机生变。

三支部队各自都经行了怎样的路线，现在已经无法具体复原。不过燕然山下的翁金河谷，是漠南、漠北之间最便捷的通道，汉军不应该不走。我推测，最东边邓鸿这一路兵马，很可能是通过此路穿越大漠的。

汉军抵达会涿邪山后，并没有发生大的战斗。原因，只能是北匈奴方面根据自己掌握的情报，预先做了调整，转移到对其更为有利的地点，与汉军展开决战。

北匈奴单于是把驻地转移到了涿邪山东侧浚稽山中的一座山峰稽落山上。其实涿邪山和浚稽山都是今阿尔泰山山脉的一部分，浚稽山在这条山脉的最东段，涿邪山这一段比它更靠西一些。因而北匈奴也算不上是做了很大的转移，从战略意义上讲，稽落山的形势，实际上与涿邪山并没有什么区别。

战事随着敌情的变化而变化。面对北匈奴的实际情况，窦宪及时调整部属，"分遣副校尉阎盘、司马耿夔、耿谭将左谷蠡王师子、右呼衍王须訾等，精骑万余，与北单于战于稽落山"（《后汉书》卷二三《窦宪传》）。结果，是大获全胜，北匈奴单于和剩存的部众溃败奔逃。

审看东汉一方在稽落山之战中投入的兵力，除了南匈奴右呼衍王须訾所属不详外，副校尉阎盘、司马耿夔、耿谭这几位将官和左谷蠡王师子都属窦宪直接统领的这一路兵马，因而参与稽落山战役的汉方军兵，似乎都是窦宪亲率的队伍。

这显示出窦宪亲率的这一路军兵是最先抵达涿邪山下的。这种情况，也符合正常的情理。这是因为窦宪兵出鸡鹿塞，在三路大军中偏西，最靠近涿邪山，当然会早到一些。

假如事实果真如此，那么，窦宪在其他两路军队还没有会合的情况下，就及时指挥手下，向稽落山发起进攻，这倒是很好地显示出他处事的果断，这也符合其"性果急"的特征。(《后汉书》卷二三《窦宪传》)

稽落山战后，汉军乘胜追击逃窜的各部匈奴。汉军从东南方向来，特别是邓鸿那一路兵马，理应来自稽落山的东面。在这种情况下，北匈奴的败军只能逃亡北方或是西方。实际的情况，是汉军在涿邪山北侧的私渠比鞮海（今称"邦察罕泊"或"邦察干湖"），"斩名王已下万三千级，获生口马牛羊橐驼百余万头"，算是基本消灭了北匈奴的有生力量。

若是没有《燕然山铭》的叙述，我们对这场战役的了解，也就到此为止，没有办法知晓更多的情况。但我们看班固在回顾此番作战历程时提到的"跨安侯"这句话，可以了解到汉军在私渠比鞮海战后，还进一步清扫北匈奴残余势力，直捣老巢，来到了安侯河畔。

汉军进兵安侯河畔，自然要经历位于安侯河畔的匈奴"龙城"。这个"龙城"见于《汉书·匈奴传》，乃称"岁正月，诸长小会单于庭，祠。五月，大会龙城，祭其先、天地、鬼神"，当然是匈奴的一处重要祭祀场所。在谭其骧主编的《中国历史地图集》上，也清楚标绘有这个"龙城"的位置。不

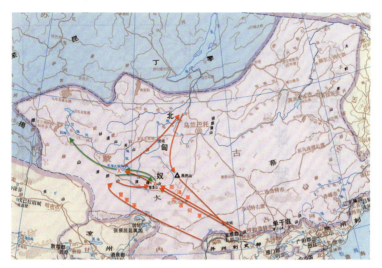

永元元年（89年）窦宪统兵北征之役地理进程示意图

过，在《史记·匈奴列传》中是把它记作"茏城"，《后汉书·南匈奴传》则又写作"龙祠"。这也就是《燕然山铭》中"焚老上之龙庭"的"龙庭"（《后汉书》卷二三《窦宪传》唐李贤注），范晔在《后汉书·南匈奴传》篇末的论语中评述说，窦宪率汉军"破龙祠"而"铭功封石，倡呼而还"，可以更清楚地证明这一点。

略显遗憾的是，根据历史文献的记载，一时还难以确定匈奴单于墓葬的所在，也就是无法确指《燕然山铭》所说"蹑冒顿之逗略"的"逗略"是在哪里（《史记》卷一一〇《匈奴列传》刘宋裴骃《集解》引晋张华语曰："匈奴名冢曰逗落。"《燕然山铭》之"逗略"应即"逗落"异写）。不过，依照常情来推测，应该不会离开匈奴单于庭或所谓“龙城”太远，大致也应当在安侯河附近。不管匈奴人的“逗略”是怎样一种形式，当时人是应该清楚知晓已故单于墓葬位置的。因为西汉昭帝时其东邻乌桓就曾“发匈奴单于冢墓，以报冒顿之怨”（《后汉书》卷九〇《乌桓传》），现在窦宪麾下的军兵当然也能再一次“蹑冒顿之逗略”，以做象征性的破坏活动。

这样看来，所谓“蹑冒顿之逗略，焚老上之龙庭”，都应该是汉军北“跨安侯”时连带发生的行为。但这些军事活动仍具有很重要的军事和政治作用。这是因为如前文所述，这一区域是匈奴的政治、经济重心所在，当时还有大量匈奴民众存留在那里（《后汉书》卷九〇《乌桓传》），窦宪需要对其进行一番“清扫”。

估计大致在闰七月上、中旬间，汉军对北匈奴在鄂尔浑河流域的主要据点和中心区域，已经碾过了一遍，清楚其运势已去，故有捷报传回京师洛阳。于是，朝廷在闰七月二十二日（丙子），以汉和帝的名义郑重昭告天下：“匈奴背叛，为害久远。赖祖宗之灵，师克有捷，丑虏破碎，遂扫厥庭，役不再籍，万里清荡。”（《后汉书》卷四《和帝纪》）诏书中“遂扫厥庭”云云，自与《燕然山铭》中“焚老上之龙庭”的文句相对应，好一派大功告成的景象。

在对北匈奴最重要的鄂尔浑河流域又继续做了一番更为彻底的“扫荡”之后，窦宪便轻轻松松地顺着翁金河谷南归皇汉，最后由邓鸿和南匈奴单于屯屠何出发的五原郡回到塞内。(《后汉书》卷二三《窦宪传》)途中，在经过漠北地区最后一个停留地点燕然山时，面对山上特立如碣的岩石，封天禅地，搞了一个很隆重的庆功典礼，并指令班固撰写一篇铭文，凿刻于山崖，昭示这一所谓"功绩"，使之垂耀万世。这似乎应该是在这一年八月下旬前后的事情。

对于大汉王朝来说，窦宪这一番折腾，究竟是福是祸，需要留待以后另做一个专题来具体论述。不管天下苍生心底里是什么感觉，窦宪本人和他的小妹窦太后，藉此成功地从窘境中解脱出来，一定是志满意得。虽然只是自欺欺人，窦太后的面子和威风，总算勉强得以维持；同时又藉助这次出征的功绩，在这一年的九月，"诏使中郎将持节即五原拜宪大将军，封武阳侯，食邑二万户"(《后汉书》卷四《和帝纪》、卷二三《窦宪传》)，从而进一步增大了窦宪的权力，也提高了他的地位。

窦宪以戴罪之身，却在北征出发前便被授予车骑将军之职，现在甫一归来又被任命为大将军。依东汉制度，将军"比公者四：第一大将军，次骠骑将军，次车骑将军，次卫将军"(晋司马彪《续汉书·百官志》一)，故窦宪由车骑将军而越级擢升大将军，自是不次之赏。窦太后此举显然是在强化窦家的权位，须知当年的霍光主要就是靠这一职位才得以如意控制文武百官的。只是窦宪顾虑社会观瞻，为了让吃相显得稍微文雅一些，故作姿态，辞谢了侯爵，以确保更加坚固地控制朝政。这一政治结果，有助于我们更加合理地评价窦宪北征之役的作用和意义。

七、兵未穷时武不止

窦太后虽然在安排窦宪出征北匈奴并如愿取得大胜这件事上酣畅地展现了自己统治国家的威风，但统治者所向往的威风，总是没有止境的。他们总是以为，威风越强盛，越能慑服民众，也能慑服对其不服、甚至觊觎权柄的同侪。

永元元年（89年）这次北征，把北匈奴打散了，但还没有彻底灭亡。穷兵黩武，一旦尝到甜头，便会愈加疯狂，直到兵力穷尽，才会罢手。

永元元年（89年）的私渠比鞮海战役，使北匈奴遭受重大挫败，汉军又乘胜扫荡了鄂尔浑河流域的北匈奴残余势力。然而，北匈奴单于不仅还在，而且他还统辖有一定的部众，只是逃离了汉军的追击而已。

那么，北匈奴单于逃到哪里去了呢？他是从私渠比鞮海一路奔向西北，逃到了一个名为"西海"（今名"喀拉湖"）的湖泊边上。这里东邻杭爱山，西靠阿尔泰山，是两条山脉之间一个盆地，今称"大湖盆地"，其间分布着包括西海在内的几个内陆湖泊，自然状况虽然不如鄂尔浑河流域，但在蒙古高原上，却是除了鄂尔浑河流域以外一块条件较好的地方，至少可以让北匈奴单于暂时在此得以生存，社会条件适宜时更可赖以重新振起。

在汉朝方面，这时若是马不停蹄地持续追击下去，窦宪会面临很多难题。

首先，北匈奴在遭受重创之后，虽然已经衰弱不堪，但他们本来就擅长游动作战，要是在草原上跟汉军四处回旋，躲起猫猫来，窦宪也不一定能够很快抓住战机，将其围歼。可是时间一拖，汉朝北征军的给养就会成为问题，他实在拖不起。

同时，随从他的南匈奴军兵，从拟议北伐时起，就别有企图，想要恢复跨越大漠南北的统一匈奴帝国。战事拖下去，弄不好就会节外生枝，引发新的问题。这样一来，窦宪不仅得不到出征讨伐的军功，还会给自己找来新的罪过。这种赔本买卖，是万万做不得的。

最后，也是更关键的一点，是窦宪此番领兵出征，本来就是他和窦太后兄妹二人连手做戏给文武百官看，名义上是让他戴罪立功，实际上是要让他们窦家人更加牢固地控制朝政。

我们先来看一下窦太后即位以后、窦宪谋杀小妹妹枕边人之前窦氏一家人操纵国家政治的情况：

和帝即位，太后临朝，（窦）宪以侍中，内干机密，出宣诰命。肃宗遗诏以（窦）笃为虎贲中郎将，笃弟景、瓌并中常侍，于是兄弟皆在亲要之地。宪以前太尉邓彪有义让，先帝所敬，而仁厚委随，故尊崇之，以为太傅，令百官总己以听。其所施为，辄外令彪奏，内白太后，事无不从。又屯骑校尉桓郁，累世帝师，而性和退自守，故上书荐之，令授经禁中。所以内外协附，莫生疑异。(《后汉书》卷二三《窦宪传》)

前面第三节已经谈到，虎贲中郎将统领的是东汉时期负责皇帝"宿卫侍从"的核心禁卫部队，当然这个领兵站岗的头目同时也是控御皇帝做傀儡最紧要的官职。在窦太后临朝主政之前，本来是由窦宪本人担任这个重要职位。现在窦太后又以章帝遗诏的形式，把这一职位转交给他的弟弟窦笃，而让窦宪专任侍中。

侍中和虎贲中郎将秩级相等，都是比二千石（晋司马彪《续汉书·百官志》二、三），用现在的话说，就是"约略相当于二千石的级别"，官阶高低，大体相当。可是虎贲中郎将只是一个武职，在制度上，并不参与政治的决策，侍中则是"掌侍左右，赞导众事，顾问应对"的近密幸臣，能够直接介入中枢政治，对于想要控制整个皇朝的窦氏家族来说，这个位置当然更有全局性意义。正因为如此，窦宪转而让他的弟弟窦笃来替代他担任虎贲中郎将这一职务，继续控制宫廷的禁卫，以便自己腾出手来，以侍中的身份，实际掌控整个朝政。

在上述这些"皆在亲要之地"的窦氏兄弟中，官职最为特别的，其实是窦宪另外两个弟弟窦景和窦瑰，他们两人都是"中常侍"。那么，这个"中常侍"特别在哪里呢？这个官位的职责，乃"掌侍左右，从入内宫，赞导内众事，顾问应对给事"。从表面上看，"中常侍"做的事儿，似乎和"侍中"也差不太多，其关键的不同，在于"从入内宫"这几个字。

"侍中"这一官名，承自前汉，从字面上就可以看出，其本来的涵义，是侍从于内廷宫禁之中，可以和宦官一样亲近皇帝，这样就很容易和皇帝的女人发生不该发生的事情。为此，虽然侍中从武帝后期被排除宫外很长时间，但王莽时又恢复旧制，直到章帝去世前不久的元和年间，因"侍中郭举与后宫通，拔佩刀惊上，举伏诛，侍中由是复出外"（《续汉书·百官志》三），这才不再伴随皇帝于宫中。

"中常侍"的特别之处，是能够"从入内宫"，可"常人"身入内宫，总有触动皇帝禁脔的忌讳。既然已有"侍中"这么干过，"中常侍"也不会见腥不沾。虽然西汉有时还会任用普通士人，如班固的祖父班稚，在汉成帝时期就曾担任过这一职务（《汉书》卷一〇〇上《叙传》上），但东汉时期处理这一矛盾的办法，是只让身子与"常人"不同的宦官来出任这一职务（晋司马彪《续汉书·百官志》三）。可是，窦景和窦瑰都是窦氏皇后的舅子哥，显然不会先做手术，再去任职。现在，窦太后打破朝廷定制，安插自己的两个亲兄弟入宫相伴，不管是监视、控制小皇帝汉和帝，还是辅助自己处理朝政，总归显得很不自信，很不从容；更准确地说，是当时的情势相当窘迫，所以才会有这样的不得已之举，所谓"内外协附，莫生疑异"，不过是表面现象而已。

从上面引述的文献，可以清楚看出，作为家里的大哥，窦宪"内干机密，出宣诰命"，是核心的灵魂。在窦氏家族刚刚掌握权柄未久，地位还不够稳固的情况下，窦宪实在不宜在外逗留过久，免得节外生枝，出现什么难以控制的情况。明智的做法，是毋忘初心，拿到了足够"解套"的战功就好。

于是，窦宪在燕然山上留下那篇由班固执笔的千古铭文之后，就鸣金收兵，班师南返了。可是对窜逃的北匈奴残余势力，总还是要有所处置。窦宪采取的办法，是予以招抚：

> 遣军司马吴汜、梁讽，奉金帛遗北单于，宣明国威，而兵随其后。时虏中乖乱，汜、讽所到，辄招降之，前后万余人。遂及单于于西海上，宣国威信，致以诏赐，单于稽首拜受。讽因说宜修呼韩邪故事，保国安人之福。(《后汉书》卷二三《窦宪传》)

梁讽劝北匈奴单于仿效的"呼韩邪故事"，是指西汉宣帝甘露三年（公元前51年）正月，匈奴呼韩邪单于来朝并称藩保塞事（《汉书》卷六《武帝纪》、卷九四下《匈奴传》下），而北匈奴本来自光武帝和明帝时期就屡次请求与汉和亲共处，而汉廷一直未予理睬，所以才导致后来的一系列冲突。（《后汉书》卷八九《南匈奴传》）窦宪改伐为抚，抚得平更好，抚不平也不会损失什么，先缓一下看看再说。

现在，北匈奴已经被打得七零八落，而汉廷提出的要求，只不过是改和亲通聘为称臣作藩。对于北匈奴单于来说，表面上似乎有些屈辱，可实质性的关系，未必相差太多。看看所谓南匈奴自光武帝二十四年（48年）款塞为藩以后，汉廷每年"赐"以千匹彩缯等物件，令其足以"开口仰食"的情况（《后汉书》卷八九《南匈奴传》），就能够明白这一点。所以，北匈奴单于一听到梁讽这些话，甚为喜悦，当即"将其众与讽俱还。到私渠海，闻汉军已入塞，乃遣弟右温禺鞮王奉贡入侍，随讽诣阙"（《后汉书》卷二三《窦宪传》）。

所谓"私渠海"，应当就是汉军击垮北匈奴的私渠比鞮海。没有赶上汉军的北匈奴单于，在惨败之后，心里当然会有所顾虑，没敢亲赴汉廷，纳款觐见，这本来是可以理解的事情。可是，刚刚得胜回朝的窦宪，却摆起谱来，竟"以单于不自身到，奏还其侍弟"。（《后汉书》卷二三《窦宪传》）

汉廷出征北匈奴，本来很不明智，但在种种顾虑之下对逃窜的北匈奴余部改清剿为招安，乃是这一大不明智举措当中颇为明智的一个做法，尽管窦宪的主要着眼点未必那么合理。现在窦宪挑礼找刺儿，拒不接受北匈奴单于的弟弟右温禺鞮王"奉贡入侍"，一方面，固然是想要通过当面跪地伏拜的形式使北匈奴单于彻底服软，但另一方面，他为自己树立隆盛威名的强烈愿望，也使他迫切需要让汉朝的官民看到这样一个仪式（这里边还有南匈奴单于推波助澜的作用，我将在后面评述这场战役的历史作用和意义时再做具体说明）。

为达到这一目的，窦宪在第二年也就是永元二年（90年）的五月，又派遣他的副校尉阎磐，"将二千余骑掩袭伊吾，破之"，而这个"伊吾"在今新疆哈密西侧，从章帝建初二年（77年）时起，就被北匈奴占据。又伊吾北过今阿尔泰山，就是北匈奴单于率余部暂时栖止的西海。所以据守在这里的北匈奴势力，可以在一定程度上从侧面对西海外围的北匈奴单于有所应援。打掉这个据点，北匈奴单于自然更为孤立。（《后汉书》卷四《和帝纪》、卷八八《西域传》。案，这个"阎磐"，系依从《后汉书·和帝纪》的写法，《后汉书·西域传》是书作"阎槃"，应当就是前面第五节开头提到的《后汉书·窦宪传》中的"阎盘"，即稽落山之役的前敌指挥官。清惠栋《后汉书集解》卷四谓"磐"、"槃"、"盘"三字通用，而钱大昭《后汉书辨疑》卷二谓"'磐'当作'砮'，闽本有注云'砮'力工反"。若然，自当作"阎砮"为是。不过我核查日本汲古书院影印的南宋庆元四年［1198年］建安黄善夫书坊刻本，虽《和帝纪》正文镌作"阎砮"，却并无钱氏所说反切注音，疑所说不确。又案，司马光《资治通鉴》卷四七同庆元本《后汉书·和帝纪》，记此役统兵将领为"副校尉阎砮"，疑误。）

七月，窦宪又以大将军身份"出镇凉州"，将兵驻军武威（《后汉书》卷四《和帝纪》、卷一六《邓训传》、卷二三《窦宪传》），而凉州境内向北"斗出"的居延，东面即毗邻武威，是汉朝最逼近西海的边塞。窦宪这一举措，无疑对北匈奴单于造成了十分直接的威胁。

在这种严峻的形势下，北匈奴单于无奈，只好在这一年的九月，带着他的"储王"等前往居延边塞，表示诚心归顺，愿一如当年呼韩邪故事，朝见汉家天子。为此，请求汉朝派遣大使，来协同办理此事。窦宪当然心满意足，他要的就是让国人看到这个场面。于是，在这下一个月，也就是永元二年（90年）的十月，"遣大将军中护军班固行中郎将，与司马梁讽迎之"。（《后汉书》卷四《和帝纪》、卷二三《窦宪传》、卷四〇下《班固传》。案，《后汉书·和帝纪》记载是年十月"遣行中郎将班固报命南单于，遣左谷蠡王师子出鸡鹿塞，击北匈奴于河云北，大破之"，文字应有舛讹，即"南单于"当属下读，其前脱去"北单于"三字，应正作"遣行中郎将班固报命北单于，南单于遣左谷蠡王师子出鸡鹿塞"云云。附案昔清人王鸣盛，在《十七史商榷》卷三八列有"《后汉书》多脱误"一条，称"《后汉书》传刻脱误，较《前书》多且倍之……北宋时已无善本"，此亦其中至今仍未得校正之一显例。）

不过就在这个时候，南匈奴单于又上书请求灭掉北匈奴，以实现其"破北成南，并为一国"的夙愿。在这种情况下，汉朝马上又做出了自相矛盾的决策：在已派遣班固出塞迎伴北匈奴单于的同时，在同一月份又准许南匈奴单于"遣左谷蠡王师子等将左右部八千骑出鸡鹿塞"，另外还派遣"中郎将耿谭遣从事将护之"。（《后汉书》卷四《和帝纪》、卷八九《南

匈奴传》）

　　窦宪掌控下的东汉朝廷为什么会如此出尔反尔？通观前后事态的变化，其实是很容易看出的：这是因为窦宪还想进一步增高自己的威望，为此就需要更加辉煌的功业。按照这个新的B计划，南匈奴要是灭掉了衰弱至极的北匈奴，那也是以他先前的战果为基础才能做到的，而且这次出兵也是在他的统筹部署下实现的，终归都是他窦某人的功劳。万一南匈奴失手败北，也没有什么关系，还有先前的A计划压底儿，让班固把北匈奴单于接过来就是了。这也算得上是他恩威并施的结果，是他窦宪，成功地逼迫北匈奴不服也得服。

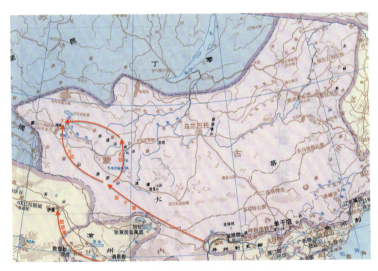

永元二年（90年）阎磐西取伊吾及南匈奴左谷蠡王师子
北征之役地理进程示意图

实际的情况，是南匈奴军队对北匈奴的进攻，取得很大胜利：

> （南匈奴左谷蠡王师子等）至涿邪山，乃留辎重，分为二部，各引轻兵两道袭之。左部北过西海至河云北，右部从匈奴河水西绕天山，南度甘微河，二军俱会，夜围北单于。单于大惊，率精兵千余人合战。单于被创，堕马复上，将轻骑数十遁走，仅而免脱。得其玉玺，获阏氏及男女五人，斩首八千级，生虏数千口而还。（《后汉书》卷八九《南匈奴传》）

即使又一次遭受惨败，北匈奴单于麾下至少也还有几千兵马（《后汉书》卷八九《南匈奴传》），然而在被窦宪如此无信无义地暗算之后，北匈奴单于再也不愿屈辱地投降。班固人至私渠比鞮海后，了解到北匈奴单于战败逃走的情况，明白原定的A计划一时已经难以落实，便打道回府，径行南返。（《后汉书》卷四〇下《班固传》）

南匈奴左谷蠡王师子率兵发起的这次进攻，使窦宪尝到很大甜头，鼓舞他愈加逞肆军威，想要乘胜追击，一举剿灭北匈奴单于最后的势力。于是，在这下一年，也就是永元三年（91年）的二月，复遣左校尉耿夔、司马任尚、赵博等将兵出居延塞，围击北匈奴单于于金微山，大破其兵，克获甚众，"北单于逃走，不知所在"（《后汉书》卷四《和帝纪》、

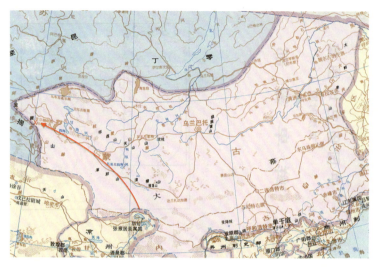

永元三年（91年）耿夔等北征之役地理进程示意图

卷二三《窦宪传》。案，耿夔官职，《窦宪传》等记作"右校
尉"，此姑从《和帝纪》）。窦宪则因此而获得了他所期望的所
有政治效果，一时间"威名大盛"，肆意弄权，"刺史、守令
多出其门，尚书仆射郅寿、乐恢并以忤意，相继自杀。由是
朝臣震慑，望风承旨"（《后汉书》卷二三《窦宪传》）。

　　永元三年（91年）十月，汉和帝行幸西京长安，在诏书
中郑重其事地确认"北狄破灭"这一事实（《后汉书》卷四
《和帝纪》），亦即昭告天下，业已彻底铲除北匈奴。北匈奴既
灭，窦宪便捞足了政治资本。现在，"窦氏父子兄弟并居列
位，充满朝廷"（《后汉书》卷二三《窦宪传》），汉家的天下，
主人俨然如同易刘姓为窦氏。窦宪也就需要更加从容地考虑，

怎样更好地打理这一大片江山。

永元二年（90年）河云之北战后，南匈奴势力急剧扩张。史称"是时南部连克获纳降，党众最盛，领户三万四千，口二十三万七千三百，胜兵五万一百七十"（《后汉书》卷八九《南匈奴传》）。对此，南匈奴单于屯屠何当然惬心如意，可窦宪却不能不有所警惕。

前面第三节已经讲到，屯屠何最初提出征讨北匈奴的动议，目的就是想要借机统一大漠南北，由自己来做这个草原大帝国的主人，但在第四节里我也已经谈到，以耿秉为代表的一批朝臣，对待这次北征的着眼点却是"以夷伐夷"，而窦太后等窦氏家族成员在决定用兵的方略时，实际上也充分考虑到这一现实，通过出征人员的安排等，对南匈奴有所牵制。

窦宪在比较牢固地掌控权柄之后，南匈奴的野心和危险，就凸显出来，必须适当加以控制，不然的话，犹如引狼拒虎，而刚刚入室的豺狼又完全没有任何天敌制约，祸患岂不愈加深重。因此，最好的办法，还是回到分而治之的老路上去，令匈奴人在大漠南北各居一部，彼此制约，汉廷坐收渔人之利。

这时，逃走的北匈奴单于的弟弟右谷蠡王於除鞬，在永元四年（92年）正月，"自立为单于，将右温禺鞬王、骨都侯已下众数千人，止蒲类海，遣使款塞"，更清楚地讲，是"款塞乞降"。（《后汉书》卷四《和帝纪》、卷八九《南匈奴传》）蒲类海就是现在新疆的巴里坤湖，邻近东汉的伊吾。窦宪正好充分利用这一时机，上书奏请朝廷，正式册立於除鞬为北匈奴单于。这一提议，当然得到朝廷的允准。于是，"遣耿夔即授玺绶，赐玉剑四具，羽盖一驷，使中郎将任尚持节卫护，屯伊吾，如南单于故事"。正当窦宪安排任尚帮助於除鞬重返鄂尔浑河之滨匈奴北庭的时候，还没有来得及具体实施这一计划，就被汉和帝以图谋弑逆的罪名除掉。

没人搭理的於除鞬，只好在这下一年，亦即永元五年（93年）九月，"自畔（叛）还北"。汉和帝"遣将兵长史王辅以千余骑与任尚共追，诱将还，斩之，破灭其众"（《后汉书》卷四《和帝纪》、卷八九《南匈奴传》）。这也可以说是秦及西汉以来中原王朝北讨匈奴的最后一役。不管其实际效果是好是坏，在整个中国历史上都是一场标志性的战役，当然，这也可以说是永元元年（89年）窦宪北征之役的一个尾声。如本节开头所说，暴虐统治者之所谓穷兵黩武，不到穷尽兵力之时，通常是不会歇手的。

八、撑犁孤涂单于的离场

地理，是历史的舞台，是上演历史剧目的场地。不管是悲剧，还是喜剧，终归没有不散场的演出。谈到窦宪北征的战果，不能不再简单交待两句匈奴人最后的结局，看看他们是怎样离开中国北方这个大剧场的。

在中国的汉文史籍中，我们可以看到，匈奴人习惯称呼他们的最高领导人为"单于"，但这"单于"是表示"广大之貌"的意思，实际上只是一个形容词。这些游牧民膜拜"英明领袖"的正式称谓，其实是叫"撑犁孤涂单于"："撑犁"是"天"，"孤涂"是"子"，加上倒置在后面的形容词"单于"，就是"大天子"。（《汉书》卷九四上《匈奴传》上）

控制蒙古高原三百多年的匈奴"撑犁孤涂单于"，属下族人众多。

在汉和帝永元五年（93年）之后，那一部分先后隶属于南单于的匈奴人，后来和中原农耕民族的融合越来越深，以至于西晋惠帝永兴元年（304年）在今山西境内的离石建立起一个独立的政权。

这个政权的创立者刘渊，自幼饱读诗书，不仅有一个和汉朝皇帝一模一样的姓氏（因汉高祖刘邦曾以宗室女为公主嫁与匈奴单于冒顿，且与冒顿约为兄弟，史称"其子孙遂冒姓刘氏"），而且还有一个大模大样的国号——汉。东汉灭亡之后，在形式上，绍续其祚的曾有刘备据蜀所立汉国，现在刘渊建立的匈奴之"汉"，竟宣称要重振刘氏祖业，继承汉家自蜀汉灭亡之后"宗庙之不血食四十年"的绝世，而西晋最终真的被这个汉国所击灭，迫使司马氏皇室南迁江左。（《晋书》卷一〇一《刘元海载记》、卷一〇二《刘聪载记》）不过需要指出的是，刘渊的匈奴族"血统"，实际并不太正宗，因为他本出自"匈奴别种"（《魏书》卷一《序纪》）。然而过去在文化和社会生活观念上积极认同并融入匈奴，现在又转而认同于汉。

除了这个"汉国"（这个"汉国"后定都长安复改国号曰"赵"，史称"前赵"）之外，五胡十六国中还有一个建立在鄂尔多斯高原上的"夏国"，则是继此"汉国"及其后身"前赵"之后，由南匈奴人后裔建立的另一个政权，其创立者名曰"赫连勃勃"。其国号的得名缘由，乃"自以匈奴夏后氏之苗裔也"，故"国称大夏"。（《晋书》卷一三〇《赫连勃勃载记》）虽然这位"赫连勃勃"的名字不像"刘渊"那么像样，但司马迁在《史记·匈奴列传》里早就讲过匈奴的先人是"夏后氏之苗裔"的话，绝不是这位赫连勃勃才开始"自以"为汉人。这个"大夏"已经上溯至三代之首，溯及中华上古神圣的帝君大禹，未称"汉国"而更胜于"汉国"，实际上更加强烈地体现出对中原华夏文化的认同。

可以说，"汉"、"夏"这两个匈奴族裔政权的国号，很形象地体现了汉匈关系发展的结局。

前面提到的右谷蠡王於除鞬，在永元四年（92年）正月"自立为单于"后，之所以会率其部众"止蒲类海，遣使款塞"，是因为在蒲类海附近，还剩有一支匈奴的势力，而这支匈奴人的首领是呼衍王。

此前，在汉明帝永平十六年（73年）窦固北征匈奴时，曾"至天山，击呼衍王，斩首千余级。呼衍王走，追至蒲类海"（《后汉书》卷二三《窦固传》）。联系后来发生的史事，这显示出至迟在此之后，这位呼衍王就一直在蒲类海亦即今巴里坤湖附近活动。呼衍王的势力，可以给於除鞬自立为单于的行为提供一定的支持和保障。

东汉时匈奴除单于之族虚连题氏（西汉时称作"挛鞮氏"）外，另有呼衍氏、须卜氏、丘林氏和兰氏四大名族贵种，世官世位，代代相传。由其社会地位的兴起过程来看，乃是先有呼衍氏和兰氏，后来才增入须卜氏；至于丘林氏，大概是进入东汉时期以后才进入这个核心贵族的圈层。呼衍氏始终居于这个最高等级姓氏集团的首位，"常与单于婚姻"，而在匈奴的政治生活中乃以"呼衍氏为左，兰氏、须卜氏为右，主断狱听讼，当决轻重，口白单于"（《史记》卷一〇〇《匈奴列传》、《汉书》卷九四上《匈奴传》、《后汉书》卷八九《南匈奴传》），可见其社会地位高高在上，自然也会有相应的权威和影响。

正因为这位呼衍王具有较高的地位和权威，所以当於除鞬于永元五年（93年）九月"自畔（叛）还北"的时候，并未追随其去往漠北龙庭，而是原地居留，仍旧控制着自己的地界。

后来在东汉安帝永初元年（107年），西域诸国对朝廷反叛，邻近这里的北匈奴"即复收属诸国，共为边寇十余岁"；同时，又"遣责诸国，备其逋租，高其价直，严以期会"，即以统治者身份对西域各国发号施令。元初六年（119年），北匈奴又与天山北麓的车师后部连手，攻陷驻守哈密西侧伊

吾的汉军，并赶走今吐鲁番盆地的车师前部。（《后汉书》卷四七《班勇传》、卷八八《西域传》）

那么，这些北匈奴人是由什么人统领的呢？是只有前面提到的呼衍王吗？情况并不是这样简单。

其后，在延光年间，史载确是由呼衍王带领人马"常展转蒲类、秦海之间，专制西域，共为寇钞"。秦海乃今博斯腾湖，可知汉安帝时这支北匈奴人的活动范围，已经跨越天山南北，控制西出葱岭的所谓"北道"，并对河西敦煌等边郡造成一定威胁，呼衍王的势力不可小觑，俨然一方霸主。

但稍后至顺帝永建元年（126年）冬，我们可以看到，在呼衍王的上面，其实还有"北单于"统管，呼衍王并不是这些北匈奴人的最高首领：

> 其冬，（班）勇发诸国兵击匈奴呼衍王，呼衍王亡走，其众二万余人皆降。捕得单于从兄，勇使加特奴手斩之，以结车师、匈奴之隙。北单于自将万余骑入（车师）后部，至金且谷，勇使假司马曹俊驰救之。单于引去，俊追斩其贵人骨都侯。于是，呼衍王遂徙居枯梧河上。是后车师无复虏迹城。（《后汉书》卷四七《班勇传》）

在这里，我们重又看到了永元三年（91年）二月金微山战败之后一直"不知所在"的北匈奴单于。

这一情况说明，在永元四年（92年）正月原右谷蠡王於除鞬"自立为单于"的时候，原来的北匈奴单于仍在逃亡之中，尚未与呼衍王会合。盖金微山败后，北单于实乃"遁走乌孙"，躲藏起来。（《后汉书》卷四五《袁安传》）逮永元五年九月於除鞬被汉将任尚杀掉之后，这位北匈奴单于才来到蒲类海边，与呼衍王见面。在这之后，他便指使呼衍王加强对西域各国的进攻和控制，索取租贡，希图在西域获得新的发展。不过，班勇的奋力抵抗，阻止了北匈奴单于的图谋。

对呼衍王等徙居的"枯梧河"，后来注释《后汉书》的人没有做过清楚的解释。清后期学者吴熙载，乃"疑今科布多之乌陇布河"（清吴熙载《资治通鉴地理今释》卷三）。这里"乌陇布"应是"乌陇古"的形讹，今写作"乌伦古"。是北疆准噶尔盆地北缘、阿尔泰山西南麓由东向西流入巴戛湖的一条较大的河流。揆诸当时的地理形势，吴熙载的推测应当比较合理。盖北匈奴单于在金微山战败之后，应即翻越阿尔泰山，来到这里落脚，再由此西去乌孙。经过一段时间的修整并召集旧部之后，才东来蒲类海地区，与呼衍王取得联系。现在，作战失利，形势困顿，只好带着呼衍王一起重又躲回阿尔泰山脚下。徙居枯梧河畔的不会只是呼衍王自己的人马，一定是他随同北匈奴单于一道行动。

从和帝永元三年（91年）汉军驱除北匈奴单于于阿尔泰山以西，到顺帝永建元年（126年）再将其赶到这座山的脚下，北匈奴单于和呼衍王统领的这支北匈奴残余势力，又前后活跃了三十五年时间，给西域造成很大威胁；至其重又

"徙居枯梧河上"之后，才不再对东汉控制的西域地区造成严重影响。

即使如此，东汉在西域地区与北匈奴余部还是时有冲突。如，史载："阳嘉三年夏，车师后部司马率加特奴等千五百人，掩击北匈奴于阊吾陆谷，坏其庐落，斩数百级，获单于母、季母及妇女数百人，牛羊十余万头，车千余两，兵器什物甚众。四年春，北匈奴呼衍王率兵侵（车师）后部，帝以车师六国接近北虏，为西域蔽扞，乃令敦煌太守发诸国兵，及玉门关候、伊吾司马，合六千三百骑，救之，掩击北虏于勒山，汉军不利。秋，呼衍王复将二千人攻（车师）后部，破之。桓帝元嘉元年，呼衍王将三千余骑寇伊吾，伊吾司马毛恺遣吏兵五百人于蒲类海东与呼衍王战，悉为所没，呼衍王遂攻伊吾屯城。夏，遣敦煌太守司马达将敦煌、酒泉、张掖属国吏士四千余人救之，出塞至蒲类海，呼衍王闻而引去，汉军无功而还。"（《后汉书》卷八八《西域传》）

那么，北单于属下这些北匈奴人后来的下落呢？二百多年以来，世界上颇有一批学者，以为公元4世纪前后出现在咸海和里海外围草原，随后又越过顿河、德涅伯河侵入欧洲腹地的所谓"匈人"（Huns，或书作"匈族"），甚至今天的匈牙利人，就是古匈奴人的后裔。由上述情况来看，也就是在东汉后期以后从阿尔泰山西麓再逐次向西移去的北匈奴人余部。在这些学者中，既有西洋人（是由来华泰西耶稣会士首发其议），也有东洋人，当然也不乏土产的国人。从历史文

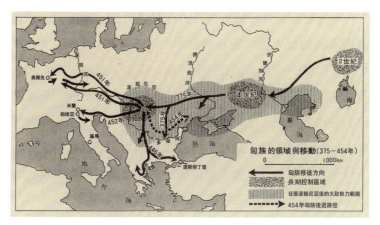

匈人的领域与移动路径示意图
（据山田信夫《草原とオアシス》改绘）

献的记载，到考古材料的对比，好像证据越讲就越充分。不过，还另有一些学人，并不赞同这种说法。专家者流聚讼纷纭，外行人很难看明白个道道儿来。不过那一门学问就是如此，说不清的才正是研究者努着劲儿要说个不停的事儿。

这模模糊糊的背影，就是匈奴"撑犁孤涂单于"在离场前留给我们的影像。

此外，还有一部分北匈奴人，在避开汉朝北征军扫荡的锋芒之后，重又回到漠北鄂尔浑河两旁的匈奴腹地，实际上一动没动，这一点倒是一清二楚，毫无疑义的。盖当永元元年（89年）北匈奴单于逃走之际，"匈奴余种留者尚有十余万落"。有这么一大批人员可供役使，也是南匈奴想要重据北匈奴故地的一项重要原因。

不过东面的鲜卑随之很快占据并统治这一地区，这些遗留下来的匈奴人便"皆自号鲜卑"（《后汉书》卷九〇《乌桓传》），摇身一变，成了另一个种族。这也是鲜卑快速崛起于蒙古草原的重要因素之一（据《三国志》卷三〇《魏书·鲜卑传》裴松之注引王沈《魏书》记载，这批北匈奴人在降附鲜卑之后，又"诣辽东杂处，皆自号鲜卑兵"）。然而，正是由于鲜卑的崛起，给中原王朝造成了更大灾祸。溯本求源，也可以说正是窦宪为邀功赎罪去征讨匈奴而惹出来的祸。

＊　　＊　　＊　　＊　　＊

历史地理学的宗旨，是研究历史时期的地理问题，也可以说是研究时间流动过程中的人地关系。假如可以用古代"天"这一概念来表述地理环境的话，那么，藉用太史公的话来说，就是"究天人之际，通古今之变"。我们这一行的老前辈黄盛璋先生就这样概括过历史地理学的研究宗旨。（黄盛璋《论历史地理学的一些基本理论问题》，刊《地理集刊》第7辑，1964年）

不过，所谓"究天人之际，通古今之变"又谈何容易，站在不同的立场上来观察，往往会有不同的切入角度，得出不同的认识。回顾窦宪北征匈奴这一战役的地理进程，看破驱动这一地理进程的内在原因，难免让人心生感慨。可是我很愚笨，又不知怎样述说是好。唐末人戴司颜曾在一首题作《塞上》的诗中写道："空迹昼苍茫，沙腥古战场。"（后蜀韦縠《才调集》卷九）不得已，只好套用过去科举时代考官无可奈何之中用过的糊涂办法，"截搭"戴司颜的诗句，来做本篇的标题。

2017 年 11 月 24 日记

第七篇
一字之衍生出三年之疑

　　《燕然山铭》书写、镌刻于汉和帝永元元年（89年），这在《后汉书》和《文选》全文载录的铭文当中都有非常明确的记载，本来没有任何异议，可是，若对比窦宪北征的史事来仔细揣摩这些传世文献载录的铭文，却似乎能够发现一些显得窒碍难通的地方。有一位李炳海先生，在四五年前，就发表了一篇题作《班固〈封燕然山铭〉所涉故实及写作年代考辨》（《文学遗产》2013年第2期）的论文，考述说《燕然山铭》的制作年代不是"永元元年"，而是"永元三年"。

　　这是一项很严谨的学术探讨，不论是论证的过程，还是所得出的结论，都值得认真对待。现在，随着《燕然山铭》刻石的发现，想深入了解这一发现的人们，自然会重新关注

二辛巳五庚戌七巳酉九
戊申十一丁未朔 本志
二千五年食史官不見錄
朔以閏正乙外歲太白
俱在軫丙寅辰又壬

重光單閼 下三
乙巳四甲辰七癸酉九壬
申 十一辛未朔 閏三
二日小滿

上章攝提格
實篤等起兵下獄當死何
敞論救得出壽卒自殺
勒銘燕然山而還 憲爲大將軍
何敞言諸實專恣
禮遂邊兵

二月氏攻斑超擊却之 實憲出屯涼州
北
單于來入朝南匈奴復擊北單于大破之
袁安劾寶景

三帝加元服
實憲遺耿夔等破匈奴於金
微山北單于逃亡不知所在出塞五千餘里而還
樂恢刺讓實憲憲迫殺之 袁安每言及國
韓稜止諸尚書稱萬歲
竇西域都護
置西域都護
寶憲欲立北單子弟於除鞬
爲單子 置吏士領護素安極言其不可

強圉大淵獻 章和元
丙申十七乙丑十二甲子朔
本志八乙未晦食

帝令曹襃儌正漢儀
誘遙吾殺之梁光皆叛
何敞謂嘉瑞爲異鳥
怪徑降莎車威震西域
帝崩諸王京師
何敞說宗由驂賞宗意
二請遣諸王婦國
井北匈奴宗彧仁厚委隨故轟崇之
擊北匈奴宗不可復
暢韓稜以禹賊爲盜罪太后許之
鄧訓以恩信撫養羌

著雍困敦 二
壬戌六辛酉八庚申十
巳未朔

小月氏遠破迷唐
實憲刺發郡國
實憲剌鄉郡
實憲剌鄉郡
鄧訓擊破迷唐
正不稅
魯恭諫征匈奴

屠維赤奮若 漢和帝 永元元
正戊子三丁亥五丙戌七
乙酉八甲申十癸未十二

諫征匈奴不聽諸人稍自引止
何敞諫征匈奴又不

二 南路遂通 郭躬爲廷尉決獄多侯鈞恕

《四部丛刊初编》影印宋刻本《资治通鉴目录》

李炳海先生这一研究，关心《燕然山铭》究竟刊刻于何时。

一、疑从何来

李炳海先生对《燕然山铭》刻制于永元元年（89年）这一成说提出质疑，首先是注意到在《燕然山铭》与《后汉书》的相关记载之间，似乎存在着些不尽一致的地方。

《燕然山铭》记窦宪北征之役的行军路线及战役胜负情形云："遂陵高阙，下鸡鹿，经碛卤，绝大漠。斩温禺以衅鼓，血尸逐以染锷。然后四校横徂，星流彗扫，萧条万里，野无遗寇。于是域灭区殚，反旆而旋。"但按照《后汉书·窦宪传》的记载，汉廷北征的几路兵马是先"皆会涿邪山"，接下来，乃"单于战于稽落山，大破之。虏众崩溃，单于遁走，追击诸部，遂临私渠比鞮海"。

在对比分析上述两项记载之后，李氏以为：

> 这次战役各路大军的会合地点是涿邪山，主要战场是在稽落山。北匈奴战败，窦宪属下的部队追击到私渠比鞮海，战斗基本结束。按照《封燕然山铭》（案，即我所称《燕然山铭》，关于这篇铭文的名称问题，我将另外专门说明）所说的"于是域灭区殚，反旆而旋"，战斗结束之后即凯旋班师。而按照《后汉书·孝和孝殇帝纪》及《窦宪传》

的记载，此次战役结束之后，窦宪等人曾经登燕然山，刻石纪功。……如果窦宪等人真的登燕然山、令班固作铭文，那么，《封燕然山铭》对于此次战役的叙述为什么没有提到如此重大的事件呢？因此，这篇铭文是否作于此次战役刚刚结束之际，确实令人怀疑。

再根据这次发现《燕然山铭》之前学术界将燕然山定在杭爱山的通行说法，那么，"窦宪、耿秉在此次战役中无论是驻扎于会合地点涿邪山，还是随着追击部队到达私渠比鞮海，都与燕然山有较大的空间距离，他们登燕然山刻石纪功的可能性极小。《封燕然山铭》叙述此次战役的始末，根本没有提到刻石纪功之事，这说明窦宪等人此次没有到达燕然山"。

假如仅仅是这样的怀疑，理据显得很不充分，并不一定值得多予关注。因为《燕然山铭》与《后汉书》文字内容的这些差异，更有可能是由其文体性质不同所造成的。

首先，窦宪指令班固撰写《燕然山铭》并将其镌刻在燕然山上，这只是班师回朝路途上发生的一件事情，在整个战役进程中并不具有特别重要的意义。班固撰写这篇文稿，其意在于颂扬窦宪北征的功绩，而不是载录为铭功而刻石的这个行为；铭文就刻在燕然山上，班固也不是一定要特地说明这是一篇凿在燕然山上的文字不可。与此相比，《后汉书》是以纪事为主旨的史书，因而有必要清清楚楚地载录窦宪在燕然山刻石纪功一事，用以反映这次北征之役的全貌。

其次，《燕然山铭》中并不是没有提到燕然山，所谓"逾涿邪，跨安侯，乘燕然"，这里的"燕然"，指的就是燕然山，只不过李炳海先生按照自己的理解已将其排除在永元元年（89年）窦宪北征之役的途程之外。但这样的做法，是不是合理，还是一个需要进一步斟酌的问题。这同样涉及《燕然山铭》的文体问题，即不宜以史书的叙述形式来机械地看待铭文的行文次序。

至于燕然山的位置问题，新近发现的《燕然山铭》刻石，已经清楚表明它正坐落在大漠南北两地之间的通行要道上，窦宪一行在返程时经过这里，是非常合理的，也几乎是必然的，容不得任何疑虑。

因此，若是仅仅依据上述论述，李炳海先生提出的怀疑，合理性实在非常薄弱。

然而，李炳海先生并不是这样简单地仅仅依据《燕然山铭》与《后汉书》的文字差异就提出了自己的质疑，他还有更为强硬的证据，这就是《燕然山铭》中下面这一段内容（文字和标点俱照录李氏引述的文本）：

> 于是域灭区殚，反旆而旋。考传验图，穷览其山川。遂逾涿邪，跨安侯，乘燕然。蹑冒顿之区落，焚老上之龙庭。将上以虑高文之宿愤，光祖宗之玄灵。下以安固后嗣，恢拓境宇，振大汉之天声。兹可谓一劳而久逸，暂费而永宁也。乃遂封山刊石，昭铭盛德。

李炳海先生解读说:"以上文字主要叙述稽落山战役之后,对北匈奴的相继征讨。开头几句属于承前启后的过渡性段落,交代窦宪等人在稽落山战役之后的具体举措:凯旋班师之后,根据文献记载和地图,考察研究北单于所居之处的地理形势,准备发动下一次战役。再往下的大段文字,就是具体讲述对北匈奴的第二次大规模征讨。"

所谓"对北匈奴的第二次大规模征讨",是指接下来在永元二年(90年)十月南匈奴左谷蠡王师子等在汉中郎将耿谭派人督察下对北匈奴余部发起的第二次攻击,前面我在第六篇《苍茫沙腥古战场》的第七节《兵未穷时武不止》中,已经阐述过这次战役的具体情况。依照这样的看法,《燕然山铭》的纪事和上石时间,便只能发生在永元元年窦宪得胜回朝之后,是附丽于继这场战役之后的另一场战役。

二、多出来的那一个字

不过,李炳海先生认为,《燕然山铭》也不是凿刻于永元二年(90年)这一次北征战役之后,这是因为"窦宪、耿秉没有参与此次战役,不可能在战后登燕然山。班固当时在窦宪帐下任中护军,没有参与此次出征,也不可能在战后写出《封燕然山铭》"。

既然不是永元二年(90年),那么,就只能是永元三年二月窦宪派遣其左校尉耿夔等将兵出居延塞至金微山，给北匈奴单于的最后一击了。按照李炳海先生的推论，情况就是这样。

可是，不管是按照《后汉书》的记载，还是核诸《燕然山铭》的内容，这样讲还会有诸多抵牾难通的地方。

譬如，窦宪本人并没有参与永元三年（91 年）这一次北征，若是《燕然山铭》撰著并刊刻于此役归途，那么就与《后汉书·和帝纪》"窦宪遂登燕然山，刻石勒功而还"的记载以及《后汉书·窦宪传》"（窦）宪、（耿）秉遂登燕然山，去塞三千余里，刻石勒功，纪汉威德"的记载直接抵触；同时也没有任何史料能够证明班固参与了永元三年这次北征，这同样难以与班固撰著《燕然山铭》事契合。尽管李炳海先生对这一严重矛盾努力做出了自己的解说，但若抛开《燕然山铭》"遂逾涿邪，跨安侯，乘燕然"云云作前提，实在都很难服人。

这样看来，最为关键的问题，还是究竟如何看待《燕然山铭》中"遂逾涿邪，跨安侯，乘燕然"云云这一组文句。

核实而论，就传世文本的内容而言，李炳海先生做出上述论断，确实是事出有因。这就是按照正常的逻辑，李氏所述《燕然山铭》中"遂逾涿邪，跨安侯，乘燕然。蹑冒顿之区落，焚老上之龙庭"这段文字所叙述的事情，只能发生在窦宪率军"反旆而旋"之后。故其后有学者论及汉代碑刻，或亦附庸其说。（如马利清《纪功刻石的文本传统与〈任尚碑〉反映的"历史事实"》，刊《中国人民大学学报》2017 年第 1 期）

问题是《燕然山铭》传世文本的这段内容恰恰存在着非常严重的舛误。若是没有内蒙古大学和蒙古国学者发现《燕然山铭》刻石，看不到原始形态的铭文，人们是很难辨明传世文本错谬的。幸运的是，在将近两千年后，我们重又看到了刻在石崖上的这篇铭文，而这一部分的文字保存得还比较完好，字形清晰，从中可以判明，"遂逾涿邪，跨安侯，乘燕然"云云这段话中的"遂"字，在摩崖刻石中并不存在，完全是《燕然山铭》在后世流传过程中增衍出来的文字。

　　此前我在《苍茫沙腥古战场》的第六节中《燕然一回首》已经指出，根据敝人订正的《燕然山铭》，这一段相关的文字及其标点，应当是"于是域灭区殚，反旆而还，考传验图，穷览其山川：逾涿邪，跨安侯，乘燕然。蹑冒顿之逗略，焚老上之龙庭"。这样一来，其内在逻辑关系便与传世文本有很大的不同，即窦宪在大功告成之后返回汉朝的途中，停歇于燕然山旁，在此对照着随身携带的图籍，纵览这次北征行动所经历的山川要地，直至其歇息于燕然山边时为止，乃是"逾涿邪，跨安侯，乘燕然。蹑冒顿之逗略，焚老上之龙庭"。

　　从表述方式上看，不仅这一系列经行地点，在整篇铭文中是一种倒叙，而且"逾涿邪，跨安侯，乘燕然"与"蹑冒顿之逗略，焚老上之龙庭"这两段内容，也不是依照其发生的时间顺序所做的表述。这就是《燕然山铭》铭文与《后汉书》纪事在文体上的差别，而李炳海先生的论述，除了受到《燕然山铭》传世文本的误导之外，对这两种文体在表述形式上的差异，似乎也缺乏足够的认识。

　　不管怎样，新发现的《燕然山铭》刻石，可以帮助我们彻底澄清李炳海先生的疑惑，确认历史的本来面目。

2018 年 1 月 5 日记

第八篇

张公那顶破帽掇不到李公头上

　　发现《燕然山铭》的消息甫一公布，中国国内有一些人就忧心忡忡，担心这件大显皇汉威风的摩崖石刻，会被蒙古国人蓄意毁掉，湮灭汉兵铁蹄留下的印迹，以维护蒙古国独立于中国存在的历史。为此，这一班人纷纷献计献策，想要帮国家分忧解难。他们想出的办法之一，便是赶紧把镌刻铭文的那块山石，整体搬运到华夏中土，再盖个富丽堂皇的大屋顶罩上。这样，就能让大汉神威妥妥地光耀万世了。

　　不用说镌刻着汉代铭文的远古文物，就是随便一块平平常常的大石头，那也是人家的东西，不能想拿就拿。君不见大陆游客在台湾随便捡几颗鹅卵石、麦饭石什么的也会遭到惩处。两岸一家亲都不行，更不用说蒙古是个在联合国里有正式席位的主权国家了。

　　班固这篇铭文刻好后，留在燕然山的石壁上，快两千年了，一直基本保持完好。不管是当时的匈奴（前面我在《苍茫沙腥古战场》中已经讲过，当永元元年［89年］北匈奴单于逃走之际，还有"十余万落"匈奴人留在漠北故地），还是后来占据这片草原的鲜卑人，突厥人，或者是至今仍生活在那里的蒙古人，你爱在石碴子上写啥写啥，他们在下面的草场上该跑马跑马，该牧羊牧羊，快活地过自己的日子，从来也没有人去刻意毁损这篇摩崖石刻。历史的事实，向我们清楚表明：大可不必以小人的心眼儿和行径，去揣度旷野壮汉之肚腹。

一、令人迷惘的新发现

　　谈到这样的问题，反观中国某些地方政府的官员，倒是因为野蛮搬移，做出过一件严重毁损东汉摩崖石刻的事情。

　　在中国，类似的事情当然不止发生过这么一起。我之所以要在这里讲述这个故事，是因为当地是把它视作"东汉时期窦宪率军追击匈奴归还时勒石记功的遗迹"，或谓之曰"记述了东汉联合南匈奴攻打北匈奴的历史事件"（见内蒙古阿拉善盟博物馆之《文物志》，以及孙危《内蒙古阿拉善汉边塞碑铭调查记》引述当地博物馆之《文物普查记录》。孙文刊《北方文物》2006

年第3期），并向前来参观的各色人等加以介绍，包括一些知名大学的专家学者，这就不仅与《燕然山铭》以及它所纪念的主人窦宪建立了密切联系，影响还很广泛并且相当深刻。在这种情况下，现在我们研究《燕然山铭》问题，对这件东汉摩崖石刻及其相关史事，也就不能不加以说明和澄清了。

这件摩崖石刻，在传世文献中根本没有任何记载，宋代以至清代以来的金石学家，也从来没有人传拓著录，可以说是一向闻所未闻，这和全文收录于《后汉书》的《燕然山铭》有很大不同。——其不同之处，在于这篇石刻铭文的发现与不被发现，意义是天差地别的：这是发现了前所未知的新文献，不像《燕然山铭》，发现刻石铭文，只是找到了最好、最原始的文本而已。

新发现的这篇石刻铭文，本来和《燕然山铭》一样，是镌刻在野外特立的山崖上，地点是在内蒙古自治区阿拉善盟属下的阿拉善左旗。阿拉善盟博物馆档案《文物普查记录》登记的情况显示，这件石刻是1986年在阿拉善左旗腾格里额里斯苏木特莫乌拉嘎查东北的"通湖乌拉"亦即"通湖山"上发现的。具体发现它的人，并非文物工作者，而是当地一位基层行政人员。经此人向阿拉善左旗文管所报告，始引起相关文物工作者注意。（李晋贺《通湖山摩崖刻石　阿拉善博物馆第一次全国可移动文物普查之新发现》，刊2016年2月25日《阿拉善日报》）

发现了新的文物，遵循"组织原则"，走"正当程序"，报告给主管其事的文物部门，按理说，应该是一件好事。想

现存放在阿拉善博物馆展厅的石刻残片
（照片系由友人提供）

不到的是，这件摩崖石刻的噩运也就从此开始了。

按照阿拉善博物馆馆长李晋贺先生2016年在当地报纸上刊载文章的说法，阿拉善左旗文管所的负责人接到报告后，亲自前往查看，当时所看到的情形是：

> 石刻在通湖山群峦中一高岭顶上，文字刻在一长1.2米、宽1米的长方形石板上，石板为白色砂岩，石板中下部已剥落，只残留上下两部分。字体为阴刻隶书，字数120个。西100米处筑有一长15米、宽13米、高3至8米的石砌烽火台。

这位负责人"在摩崖原址做了两幅拓片，上半幅在邮寄当中丢失，下半幅在十多年前由博物馆购得"（李晋贺《通湖山摩崖刻石 阿拉善博物馆第一次全国可移动文物普查之新发现》。案，李晋贺先生身份，见阿拉善博物馆网页www.alsbwg.com/news_show.aspx?id=296介绍）。

这里所说"两幅拓片"以及"上半幅"、"下半幅"云云这些话，指的是左页这张照片中原石右上角和右下角这两个局部残字的拓片。单看这一说法，似乎1986年最初发现这一石刻时其状态就是如此。可是，实际情况却绝不是这样。

不知是不是纯属巧合，1994年"九一八事变"纪念日这一天，在《中国文物报》上，发表了该报"特约记者"王大方先生的一篇报道，报道说"在内蒙古最西部的阿拉善盟，考古工作者日前发现了一处西汉武帝时期的石刻铭文"。中国新闻纸的记者，过去一向谦称"笔者"，这是因为干这种勾当的人只是秉"笔"直书，不加什么"文"饰。但现在时代变了，记者身肩重任，当仁不让，早就无须这么谦虚了。可这"日前"二字，用的毕竟是太离奇了。从1986年发现这一石刻，到这时，已经过去整整八个年头，和旧日所说"抗日战争"的时间一样长，即使是按照现在新定的说法讲，从"九一八"那天开始算，中国人的"抗战"也已过去了一大半时间了，用"日前"来表述，新闻圈子以外的人，无论如何也是难以理解其字面涵义的（据阿拉善博物馆网页和孙危《内蒙古阿拉善汉边塞碑铭调查记》一文介绍，王大方先生是内蒙古自治区文化厅文物局的官员，但既然被聘任为"特约记者"，报纸自然是按照对记者的要求审核签发的稿件）。

一个圈子有一个圈子的黑话，新闻界这么讲，做学问的人只好费劲扒力地自己想办法查，好在这在今天也不是什么难事。问题是新闻报道的作用，本来是应该清楚告诉社会大众一个新闻事件的基本面貌。对于这件石刻而言，除了确切的发现时间之外，读者最想清楚知道的事项，是它在山崖上的时候铭文保存情况究竟如何。

令人遗憾的是，文稿中对"日前"发现情况的描述，在我们新闻界以外的外行看来，同样含混不清。王氏文曰："据观察，铭文共200余字，面积为2.25平方米，竖行，从右至左排列共20行。因年代久远、风雨剥蚀，铭文难以卒读。"二百多字的铭文，若是按照二十行来推算的话，每一行应该只有十个字稍多，但我们瞅一眼现存石刻的照片就可以看到，其原石每一行的字数，实际在二十五六个字以上，王氏所说"铭文共200余字"，与实际情况严重不符。这位王大方"特约记者"报道说，虽然石刻铭文原来是在通湖山上发现的，但"目前这方石刻铭文已由阿拉善盟文物部门妥为运至阿盟首府巴彦浩特镇对外展览"。"目前"比"日前"时间要更近一些，这一点很容易判断，因为"目前"的石刻已经移出了原来的位置。所以，王大方先生报道的情况，实际上是迁移到巴彦浩特镇"对外展览"时所看到的情况。没办法，我是新闻界的外行，只能一边研究，一边琢磨报纸上所说的意思。

二、毁损的汉碑

那么，这就是石刻发现时的原始状况吗？——根本不是。

这方石刻，现在被存放在阿拉善盟的博物馆，也就是"阿拉善博物馆"，被定名为《通湖山碑刻》，当然是镇馆之宝。

上网浏览一下阿拉善博物馆的网页www.alsbwg.com/news_show.aspx?id=296，看到网页上介绍说，接到基层行政人员报告后，阿拉善左旗文管所的负责人，在上山查看后"做了两幅拓片，并将石刻整体切割在阿拉善王府保存了20年。由于揭取的时候，没有先进的揭取工具，使用敲击工具从山崖上敲打，致使敲击下来的岩体表面字迹大部分脱落，现存残体长 129 厘米，宽 138 厘米，厚 11.2 厘米，石质为紫色砂岩，字体为阴刻汉隶，石碑刻中间已剥落，只残留上、下两部分。2010 年，随着阿拉善博物馆新馆的落成，这方珍贵的汉代刻石经修复后竖立摆放在展柜里"。而当年阿拉善左旗文管所那位负责人所做的两幅拓片，"下半幅在十多年前由博物馆购得，上半幅在邮寄当中丢失，原始照片现已被博物馆找到"。

尽管还是半遮半掩，但毕竟道出了重要的实情：是阿拉善左旗文管所这位负责人妄自蛮干，使石刻铭文遭受严重损毁，造成"石碑刻中间已剥落，只残留上下两部分"。

王大方先生的报道虽然含混不清，但正是通过这篇报道，学术界才广泛知晓了这一东汉碑刻；也正因为这篇报道实在稀里糊涂，关注它的学者只好自己去再做考察。

1998 年 8 月，正在北京大学考古文博学院学习硕士学位课程的孙危先生，专程前往阿拉善盟，查看石刻，拍摄照片，并在当地同行的协助下制作了两份拓片，同时通过查阅有关业务档案以及向当地业务人员咨询，来了解有关石刻的发现和保护等相关情况。后来，孙危先生把这次考察和研究的结果，写成《内蒙古阿拉善汉边塞碑铭调查记》一文，公开发表在 2006 年第 3 期《北方文物》上。读到孙危先生这篇文章，所谓《通湖山碑刻》遭受损毁的真相，才得以明了。

原来这件摩崖石刻，"发现时相当完整"。在阿拉善左旗文管所那位负责人自己看来，他大概算是很尽职尽责的了。因为当地没有合适的"石匠"，他还特地从内蒙古自治区首府

《通湖山碑刻》右下角残片
（照片系由友人提供）

呼和浩特市请来一位中意的"石匠"。俗话说"没有金刚钻，就别揽瓷器活儿"，要怪，就怪这位"石匠"太不知轻重了。由于这位"石匠"师傅"凿取碑刻的方法不当，致使石碑受到严重破坏"。

好端端一方从未见诸著录的汉代碑刻，就这样被毁损得近乎没了。阿拉善左旗文管所这位负责人，只好把仅剩存下来的右上角和右下角那一点点残石碎片，"运至阿盟首府巴彦浩特镇对外展览"。显而易见，这绝不是王大方先生所说的"妥为"处置，运下山来的只是被阿拉善左旗文管所那位仁兄以一种极其"不妥"的粗野方式毁损后残存的碎片。这也就是我们今天在阿拉善博物馆里看到的《通湖山碑刻》的样貌。

也许有人会说，摩崖石刻的核心价值，是铭文的内容，只要留有碑铭的拓片，碑石毁就毁了，除了作为文物对石刻本身的研究以外，对历史学其他相关问题的研究，损害还是有限的。可是，事情的荒唐，就荒唐到在碑石毁失前竟没有留下一份拓片的程度。

前面第一节提到，阿拉善博物馆馆长李晋贺先生说，阿拉善左旗文管所那位负责人曾经"在摩崖原址做了两幅拓片，上半幅在邮寄当中丢失，下半幅在十多年前由博物馆购得"。由于说这两幅拓片是制作于"摩崖原址"，很容易给人以一种印象：这两幅拓片是捶拓于碑石崩裂毁失之前，所以应当拓出了毁失前的全部铭文。然而事实看起来并不是这么一回事。

从1994年王大方先生的初次报道开始，内蒙古各级文物部门的工作人员对这通《通湖山碑刻》的说明，就一直闪烁其词。前面第一节我谈到相关新闻报道给读者造成的困惑，固然首先要由刊发其稿的新闻单位负主要责任，但其间的另一重缘由，也就是更为实质性的原因，是这些撰稿人在刻意掩饰或者回避事实的真相。

每一个学术圈子都是一个小世界。很多年前，在一次很大范围的京城学者聚会过程中，与一位我十分钦敬的考古文博界老前辈闲谈，我随便说道，历史学界的人很无赖，正在迅速"黑社会化"。不料这位老前辈笑道："历史学才刚刚'黑社会化'呀，这也太落伍了，考古学界早就是成熟的'黑社会'了。"

"黑社会"成员的规矩，是不管彼此之间有多大冲突，也是自己的事儿在自己圈子里解决，不能对外讲的。写《内蒙古阿拉善汉边塞碑铭调查记》的孙危先生毕竟还太年轻，在圈子混的时间还短（做调查写文章的时候还只是位硕士研究生），若是再年长几岁，多混些年头儿，自然明白皇帝的新衣是啥样，这是瞎子都明白的事儿，不是只有自己眼光明亮才看得到，多半也就不会做这种冒傻气的事儿了。就连今天我写这篇稿子来讲述相关的情况，也有我很敬重的文史学者劝告说不必如此多事，他告诉我考古文博界内类似的事情多着去了，比这更重要的文物也说毁就毁了，是讲不过来的；况且公开讲出来，惹人家不高兴，什么时候再去看东西也就不方便了。

好在我从来就不相信做历史研究非依赖新材料或是争抢先看、自家一个人守着看新材料不可，赶上了，就要把它说清楚，让那些担忧蒙古国人毁坏《燕然山铭》的社会公众好好看一看，到底是哪个国家的人在毁坏汉代的石刻铭文。

李晋贺先生讲曾经在"摩崖原址"做了上半幅、下半幅"两幅拓片"，这话说在2016年，而十年前孙危先生在2006年叙说同一件事，却详细讲述说，当地相关人士告诉他，"在石匠凿取碑刻前一共做了两份拓片，一份寄给了内蒙古文化厅文物处的王大方副处长，但王先生称并未收到拓片，可能是寄丢了"，另一份保存在制作拓片的阿拉善左旗文管所那位负责人手中。不顺的是，孙危先生这次去阿拉善盟调查过程中，虽专门找人引荐，前去拜访，却始终未能见到阿拉善左旗文管所那位负责人，据说是去银川出差了，"结果这份拓片也未找到"。按照孙危先生在当地调查的情况，阿拉善左旗文管所那位负责人告诉给大家的，分明是说他在摩崖刻石崩裂之前制作了两幅石刻文字完整的原石拓片，可是十年以后，在李晋贺先生的笔下，这两幅石刻文字完整无缺的原石拓片，竟变成了说是"两幅"而实际上只是一幅的上、下两段拓片。

李晋贺先生接着写道："上半幅在邮寄当中丢失，下半幅在十多年前由博物馆购得。"显而易见，李先生说的"上半幅"，是指孙先生所说寄给王大方副处长的那一份完整的原石拓片，而"下半幅"则只能是阿拉善左旗文管所那位负责人手中存留的那一份原石拓片。

情况讲到这里，真实的情况，似乎很容易推断了。假如当地相关人士反映给孙危先生的情况属实，那么，现在我们应该很容易看到阿拉善左旗文管所那位负责人手中保存的铭文文字完整的原石拓片。这本来就是他在工作过程中给公家制作的东西，在摩崖刻石业已被他毁坏的情况下，留下这份拓片，也勉强算得上是将功补过，减轻一点儿自己的责任。可是，我们看李晋贺先生在文章中依据拓本转录的铭文，其实就是残石剩存的文字，这样的原石拓本显然并不存在。

如此一来，李晋贺先生讲的上半幅、下半幅云云的"两幅"拓片，只能是原石损坏后分开两张捶拓的残石右上角和右下角部分，前者即所谓"上半幅"，后者即"下半幅"。残存的石块就放在李先生主掌的博物馆中，按照正常程序报呈上级主管部门批准后，找来拓工就可以捶拓，还煞有介事地说什么"上半幅在邮寄当中丢失，下半幅在十多年前由博物馆购得"，恐怕李晋贺先生自己也不明白这些话到底是什么意思。

结论，只能是在请自治区首府的"石匠"动手凿下摩崖刻石之前，阿拉善左旗文管所那位负责人根本没有想到需要捶拓一份拓片，以防万一，上面谈到的种种支支吾吾的话语，都是掩饰这一重大失职行为的谎言。至于李晋贺先生在文章中还说什么"石刻被整体切割辗转到阿拉善王府保存了20年"，这话就更不着边际了。看看石刻铭文已经残损成什么样了，怎么还能这样瞪着眼睛说瞎话，讲什么"整体切割"。

没有原石拓片，那么在被毁损成碎片之前总会拍下一幅照片吧？情况同样不令人乐观。在阿拉善博物馆网页的介绍中，我们看到有文字云"原始照片现已被博物馆找到"。这又是什么意思？如果当初在凿取摩崖刻石之前就拍照了，那么，它理应就存放在该馆的基本档案之中。为什么还要费力去找？是到哪里找来的？这张照片是远远地摄取一幅山崖的景象，还是刻石铭文的近距离特写？要是后者，为什么未见该馆馆长李晋贺先生引述照片的内容以补充残石的缺损？答案只能是这是一幅刻石所在山崖的远景，就像一位赶牲口的放羊娃以崖壁为背景拍摄的照片差不多，同样于事无补。

可能很多人会想，阿拉善左旗文管所那位负责人总归是认识汉字的吧，再不济也会先抄录一份铭文再让"石匠"动手开凿吧？不幸得很，阿拉善左旗文管所那位负责人显然没有想到做这样的工作。于是，这新发现的摩崖刻石，转瞬之间，就被他弄没了，只剩下那么一点点可怜的碎片。

1994年王大方先生在《中国文物报》上对这通《通湖山碑刻》进行报道之后，只是招来了像孙危先生这样的个别考古工作者的注意。孙危先生到当地调查并于2006年发表文章，报告自己的调查报告以后，仍然没有太多人关注这通石刻。直到2012年至2016年中国举行的第一次全国"可移动文物"普查期间，阿拉善博物馆的李晋贺馆长又于2016年2月发表《通湖山摩崖刻石　阿拉善博物馆第一次全国可移动文物普查之新发现》一文对其加以介绍，这才引起社会上比较普遍的关注。有意思的是，原本好好地镌刻在山崖上的铭文，下边本来连着个偌大的地壳，竟然变身成为"可移动文物"，考古文博学界的道理，普通人真是不大好懂。

三、是谁的帽子就归谁戴

《通湖山碑刻》剩存的很少一小部分碑文，因缺损过甚，内容已很不连贯，读取文义，相当困难，故王大方先生最初在《中国文物报》上报道这一发现时，"初步认为这处石刻是汉武帝时期汉朝军队获胜后的勒石纪功铭文"。汉军"获胜"

的对象，当然是北方的匈奴。实际上按照后来释读的内容，这一判断显然是错误的。

由于无法看到刻石的拓本、照片或是录文，从事相关问题研究的学者，只能照样转述王大方先生这一推断，故赵超先生在2001年出版的《古代石刻》一书，也将其记为"西汉武帝时期的石刻铭文"。

直至2006年孙危先生在《北方文物》上发表他的调查研究结果，学术界才得以比较清楚地知晓这一重要石刻的年代和性质。从这一意义上讲，孙危先生的调查和研究工作，丝毫不亚于当初发现这一石刻，我们应该向孙危先生的认真工作表示感谢，并致以敬意。

孙危先生把他在调查过程中制作的拓片，交由北京大学中文系的李零先生帮助释读。在李零先生释读的铭文中，孙危先生看到了东汉安帝永初四年（110年）的纪年，于是据此推断"该石碑的年代应在公元110年以后"（孙危《内蒙古阿拉善汉边塞碑铭调查记》）。

后来在2012年至2016年第一次全国"可移动文物"普查期间，阿拉善博物馆的李晋贺先生，在李零先生释读的基础上，又请清华大学出土文献研究与保护中心的李均明和吉林大学古籍研究所的李春桃这两位学者帮助进一步予以辨识，重新做出一份录文。

李晋贺先生新做释文和此前李零先生的释文相对比，出入并不是很大，但在这篇新的释文中"永初四年"这一纪年，

《通湖山碑刻》右上角残片
（据孙危《内蒙古阿拉善汉边塞碑铭调查记》）

却已不能清楚肯定。不过铭文中另有"永初元年"一项纪年，这一点在两种释读中并无差异。依此，对《通湖山碑刻》刊刻时间更审慎的表述，应是刊刻于永初元年（107年）或其稍后一段时间之内。

令人遗憾不已的是，那位从内蒙古自治区首府请来的高级"石匠"，把活儿干得太到位了。原石估计应刻有铭文五百字左右，可剩存下来的这些碎片，连蒙带猜，怎么使劲儿也就能对付着认出一百二十个左右的字来，还上一半、下一半的，互不相连，已经实在没有办法清晰地了解铭文的内容。

勉强寻其大意，应是东汉安帝永初元年（107年）或稍后武威郡地方官员整修边防设施，完工后摩崖刻石，以纪念此番举措。这次对边塞的修整，应是武威、张掖、酒泉、敦煌这河西四郡按照朝廷诏命统一行动，相互有所协调配合，故石刻铭文中也提到相邻的另外几郡。李晋贺先生撰写《通湖山摩崖刻石　阿拉善博物馆第一次全国可移动文物普查之新发现》一文时对《通湖山碑刻》内容的认识，似乎也是大致如此。不过孙危先生则推测这一摩崖石刻与东汉军队攻伐北匈奴的战事有关；换句话说，这应该是一通颂扬汉军军功的"纪功碑"。其他一些学者也沿承了这样的认识。（如马利清《纪功刻石的文本传统与〈任尚碑〉反映的"历史事实"》，刊《中国人民大学学报》2017年第1期）

认真解读《通湖山碑刻》的铭文，可知不仅没有任何具体的字句可以证明这通碑石是窦宪征讨北匈奴的纪功碑，甚至也没有字句足以表明它是一通纪念作战军功的"纪功碑"。再说这一刻石的镌刻时间最早也早不过安帝永初元年（107年），而率军北征匈奴的窦宪，却在此前十五年的和帝永元四年（92年）即已因罪自杀，是无论如何也不能和窦宪扯上关系的。这在《后汉书》的《和帝纪》和《窦宪传》中都有清清楚楚的记载，不能想怎么说就怎么说。

"张冠李戴"，这是中国人在表示错置事实时常说的成语。这句成语在明代的民间还有一个更加口语化的表述，是"张公帽掇在李公头上"（明田艺蘅《留青日札》卷二二"张公帽赋"条）。看看破碎不堪的《通湖山碑刻》，不妨藉用这后一种说法，述云："张公那顶破帽掇不到李公头上。"是谁的帽子就归谁戴，给窦宪北征纪功的碑刻，还是班固的《燕然山铭》，而这一石刻所在的地点和原始状态，本身就具有重大文物价值和历史研究价值，按照普通百姓的理解，是地地道道的"不可移动文物"（当然这种理解同国家法令以及专家者流的定义往往会有很大差别），不用说还有国际公法在那儿管着，即使是在今天中国的境内，妄自凿取和搬移，显然都是对它的严重破坏。

2018 年 2 月 26 日晚记

第九篇
《燕然山铭》不是封燕然山之铭

一开始动笔写关于《燕然山铭》的稿子，我就讲过，关于这个篇题和所谓"封燕然山铭"的问题，我将另行撰文，专门加以说明。这事儿要说简单，好像怎么叫都行，可要是稍一较真儿，仔细琢磨一下，却可以发现，实际情况并不这样简单。在这个篇名的背后，还有一些内涵有待阐发。

一、没有篇题的铭文与通行的称谓方式

班固为给窦宪拍马屁而在燕然山石崖旁写下的这篇铭辞，就像西、东两周以来镌制于钟鼎彝器上的同类性质文字一样，

本来并没有篇题。

为什么会是这样？你去北京紫禁城前看看那个方形石柱子上书写的文字，只要不是傻子，谁都明白这段话是干什么用的："三年以来，在人民解放战争和人民革命中牺牲的人民英雄们永垂不朽！三十年以来，在人民解放战争和人民革命中牺牲的人民英雄们永垂不朽！由此上溯到一千八百四十年，从那时起，为了反对内外敌人，争取民族独立和人民自由幸福，在历次斗争中牺牲的人民英雄们永垂不朽！"因为这段话就写在那么个地方的那么一个对象上，而那个对象是做啥子用的，傻子以外的人没有不知道的。

不过，一旦离开这个地方（不管是在空间上，还是时间上），言谈间、行文中，若是提及这段文字，就不能总是猛憋上一口长气把它从头到尾念到底，往往需要给它设置个"篇名"，也就是文章的题目。

实际的情况是，现在通常是把这篇文字称作"人民英雄纪念碑碑文"。因为在它前面还有几个字——"人民英雄纪念碑"。这当然不是所谓"碑文"的篇名，而是这个方形石柱的名称。是因为"三年以来"云云那段话镌刻在这个"人民英雄纪念碑"的上面，所以说它是"人民英雄纪念碑碑文"。

古代的石刻也是这样。在汉代，很多纪念性或纪事性的刻石，也都没有记明标题，一上来就刻正文。如我们大家在原石拓本上所见，当年窦宪命人在燕然山上镌刻的文字就是如此。

那么，人们在说话撰文时是怎么称谓这样一些石刻文字呢？我们还是来看世人对待汉代碑刻的实际做法。其中通行的方式之一，便是以文字镌刻的场所、地点来给它拟定一个名称。例如，汉代石刻中著名的《石门颂》《西狭颂》《郙阁颂》《华山碑》都是如此。

现在，我把班固撰写的这篇铭文称作《燕然山铭》，就是依照这样的"通例"，因为它就镌刻在燕然山上。

所谓"通例"，就是普遍通行的方式方法。就班固这篇铭文而言，至迟在隋朝以及唐代初年，我们就看到了这样的称谓方式。例如，《北史》载隋杜正玄"少传家业，耽志经史。隋开皇十五年，举秀才，试策高第。曹司以策过左仆射杨素，怒曰：'周孔更生，尚不得为秀才，刺史何忽妄举此人？可附下考。'乃以策抵地，不视。时海内唯正玄一人应秀才，余常贡者，随例铨注讫，正玄独不得进止。曹司以选期将尽，重以启素。素志在试退正玄，乃手题使拟司马相如《上林赋》、王褒《圣主得贤臣颂》、班固《燕然山铭》、张载《剑阁铭》、《白鹦鹉赋》，曰：'我不能为君住宿，可至未时令就。'正玄及时并了。素读数遍，大惊曰：'诚好秀才！'命曹司录奏"（《北史》卷二六《杜铨传》）。这里杨素亲笔题写的就是"班固《燕然山铭》"。唐初虞世南编著的《北堂书钞》，也是如此称述这篇铭文。（《北堂书钞》卷一一八《武功部·功战》、卷一一九《武功部·克捷》）

由此可见，给班固这篇铭文拟加上《燕然山铭》这个篇题，也是沿承"自古以来"的习惯做法，并不是敝人偶发奇想，自我作古。

然而，在另一方面，我们还可以看到，南朝梁昭明太子萧统在编录《文选》的时候，就另给这篇铭文拟加了个题目——《封燕然山铭》。

一些不太了解中国古代历史的读者，可能也看不出太大差别，多一个"封"字，或是少一个"封"字，反正都没离开窦宪登临的燕然山，这里面到底能有什么不同？

二者的差别，实在很大。有这个"封"字，和没有这个"封"字，所表征的意义完全不同。

"封"字的本义，我理解应是指积土为堆。这样的土堆，可以用作疆界的标志，即东汉人郑玄所说"封，起土界也"（《周礼·地官·大司徒》郑玄注）。在马王堆汉墓出土的西汉《驻军图》上，标示有留封、满封、武封、昭山封、蛇封等一系列"封"的位置，以示相关的界域，这就是对"封"之本义最好的实物说明。

作为名词，"封"可径谓之疆界，即《小尔雅·广诂》所释"界也"，晋人崔豹在《古今注》中更加具体地将其表述为："封疆画界者，封土为台，以表识疆境。画界者，于二封之间，又为壝埒以画分界域也。"（《古今注》卷上《都邑》）用这个"封"字，亦可表示特定疆界内的土地，即所谓"封地"、"封国"之类。此义若用作动词，则可表示君主以特定疆界内的土地颁赐予人，即"分封"王国、侯国之类。

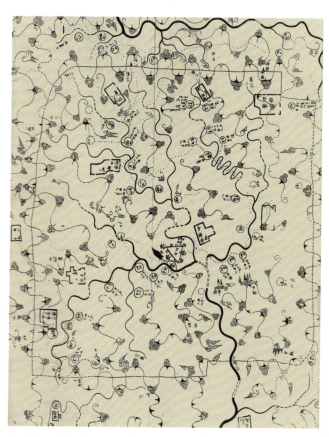

马王堆汉墓出土的西汉《驻军图》的复原图
（据曹婉如等编《中国古代地图集（战国—元）》）

依从这一语义，《封燕然山铭》的"封"字，似可解作"起土界"之义，也就是在燕然山上标识汉朝的疆界。

就这一意义而言，窦宪此番出征，既已身至龙庭，"恢拓疆宇（疆宇）"，那么，在燕然山上刊石作铭，以宣示皇汉的疆界已拓展到大漠以北，看起来就好像是合情合理的事了。如此解说，《文选》把班固这篇铭文题作"封燕然山铭"就是契合历史实际的，今人承用昭明太子的做法将其称作"封燕然山铭"，更没有什么不妥的地方。

不过，实际的情况，并不是这样。从汉代的具体用例来看，像这样"封某山"的词组，指的都是"封禅"，而事实上窦宪在燕然山上也确实搞了个"封禅"的典礼，所以，"封燕然山铭"的说法，必然地、也只能是与窦宪的封禅活动联系起来。然而覆案燕然山上留下的这篇铭文，内容却与封禅无关。

远去的历史，景象迷离，而辨析其间的虚妄与真实，正是研究者所要从事的工作。

二、封禅于北徼的两位将军

窦宪在燕然山的封禅活动，不见于《后汉书》的记载，但班固在《燕然山铭》之外另写的那篇《车骑将军窦北征颂》（见唐宋间佚名纂《古文苑》卷一二），描述了当时的情况：

文武炳其并隆，威德兼而两信。

清乾钧之攸冒，拓畿略之所顺。

橐弓镞而戢戈，回双麾以东运。

于是封燕然以降高，禅广鞬以弘旷。

铭灵陶以勒崇，钦皇祇之佑贶。

这是一篇很地道的骈文，不逐字解读，很多词语都不大好懂，但在"封燕然以降高，禅广鞬以弘旷"这两句话里，"封燕然"对"禅广鞬"是明确无疑的，"禅"是"禅"的异写，"广鞬"虽然别无所见，但它是一个和"燕然"一样的地名（多半也是来自匈奴语源），这也是由两两骈俪的文句可以推断出来的。一"封"一"禅"，这讲的只能是"封禅"，而且班固在文中还清楚讲述了"封"与"禅"的具体地点，一个是"燕然"，一个是"广鞬"，具体而明确。因此，有了这两个字，就可以确证，窦宪真的在燕然山举行了封禅活动。

这可是一件了不得的大事。

不管是秦皇汉武，还是卫青、霍去病、窦宪，千军万马打匈奴，都只不过是征伐华夏外围四夷当中的北边一夷而已。忆昔上古之时，面对四周之"蛮夷猾夏"，舜帝不过命皋陶以"五刑"服之，这没什么大不了的。

封禅是惊天动地的大事。在汉武帝时期之前，非帝王君主一概不得为之，故世传自古以来凡"封禅之王七十二家"，这绝不是窦宪这种人能有资格来做的事情。具体封禅的地点，也不是荒郊野外什么地方都行，而是有特定的神圣地点，乃"封于泰山，禅于梁父"（《管子·轻重》）。具体来讲，"封"是指在泰山上筑坛祭天，以"报天之功"；"禅"是指在泰山下的某一小山上除土祭地，以"报地之功"。（《史记》卷六《秦始皇本纪》刘宋裴骃《集解》引晋傅瓒语；又卷二八《封禅书》唐张守节《正义》。《荀子·正论》唐杨倞注）

这七十二家君王，究竟是怎么在泰山搞的封禅活动，史阙有间，今已无从知晓，其实到底搞了没搞，也是个说不清楚的事情。据《史记·封禅书》引述《管子·封禅》佚篇的内容，除了"封于泰山，禅于梁父"的君王之外，从伏羲之前的"无怀氏"开始，一直到周成王，还有很多王者虽然也是封于泰山，但举行"禅礼"的地点，却很不固定，是在梁父以外的云云、亭亭、会稽、社首这几个不同的山上，不过所说虚无缥缈，其真实性都很值得怀疑。

历史上第一个有信实记载做出这一举动的人，是开天辟地以来的第一个皇帝、也就是所谓秦"始皇帝"嬴政。在兼并天下的第三年，也就是始皇帝二十八年（公元前219年），嬴政封泰山，禅梁父（泰山北坡下的一座小山），践行这一上古传说的仪式。（《史记》卷六《秦始皇本纪》）

接下来，是汉武帝刘彻，在即位之后的第六个纪元开端第一年的四月（当时是以十月为岁首，也就是每一年的开始时间是在十月初一），他也东封泰山。这回刘彻"禅"的不是梁父，而是泰山东北脚下一座叫作"肃然山"的小山。不过这座"肃然山"就在梁父山旁。（《史记》卷二八《封禅书》、《汉书》卷六《武帝纪》）其后王莽篡汉，也曾几度想东巡泰山，搞这么一场封禅的仪式，但最终也没有搞成。（参见冯时《新莽封禅玉牒研究》，刊《考古学报》2006年第1期）

再接下来，登上泰山封禅的，就是东汉的开国皇帝光武帝刘秀了。刘秀在即位后第三十二年的二月，像秦始皇一样，封泰山，禅梁父。（《后汉书》卷一下《光武帝纪》下）

秦及两汉，搞过封禅的也就是这么三位皇帝。别的皇帝不是不想搞，但这是件很大很大的大事，不是谁都能搞、也不是谁都有资格搞的。

按照孔夫子的说法，是凡"易姓而王"者始"封泰山而禅乎梁父"（《史记》卷二八《封禅书》并唐张守节《正义》引《韩诗外传》佚文），司马迁则强调指出："自古受命帝王，曷尝不封禅？"同时从管仲，到司马迁，还非常强调想要封禅，除了形式上的"受命"之外，封禅的君王还需要功至德洽，确有此等功德并且出现了相应的符瑞，方得行用其事，实在不是谁想做就能随便做的。（《史记》卷二八《封禅书》）

昔齐桓公九合诸侯，一匡天下，自己觉得差不多了，极力想搞封禅，管仲硬是以"凤凰麒麟不来，嘉谷不生"等符瑞未现为说辞，把这事儿劝阻下来。汉文帝也想过要搞，但议论一番之后也是不了了之。秦始皇做是做了，可是天下人怨恨他，故意传瞎话，说"始皇上泰山，为暴风雨所击，不得封禅"。司马迁就此感慨道:"此岂所谓无其德而用事者邪?"这当然是讥讽秦始皇不具备封禅的资格。

汉武帝甫一登基,就组织人拟议封禅的礼仪。元鼎四年(公元前113年)在汾阴获得宝鼎之后,复具体落实相关的准备。经过缜密的部署,才在三年后正式付诸实施。(《史记》卷二八《封禅书》)同时,为昭示这一行为的重大意义,还把已经行用七个月之久的这个纪元,命名为"元封"。本着同样的道理,东汉光武帝刘秀也在封禅的两个月后,更改年号,把正在行用的建武三十二年(56年)改易为"建武中元元年",以显示其中兴圣主的尊崇地位。(别详拙著《建元与改元》)

这些情况,都告诉我们,封禅不仅是帝王之事,而且还是一件非同小可的大事,非如秦皇汉武以及东汉光武帝这样有非常之功的君主,是不能行此大礼的。

按照东汉人班固在《白虎通义·封禅》里对"封禅"的说明:"必于泰山……升封者,增高也;下禅梁父之基,广厚也。……天以高为尊,地以厚为德。故增泰山之高以报天,附梁甫(案,同'梁父')之基以报地。明天之命,功成事就,有益于天地,若高者加高,厚者加厚矣。"其性质庄严神圣如此,不能不郑重其事。

然而,就在这样一种样态之下,竟然就有一位出师远征的将军,在边荒徼外,搞起了封禅大典。——这个人就是汉武帝时期的骠骑将军霍去病。

元狩四年(公元前119年),霍去病率五万骑汉军出代郡、右北平，北击匈奴，大有斩获，并"封狼居胥山，禅于姑衍，登临翰海"（《史记》卷一一一《卫将军骠骑列传》）。这当然是很不同寻常的举动。但也许是因为太不同寻常了，其间的道理，不易阐释，故前人对此多避而不谈，好像理当如此似的。

据我读书所见，仅清人周寿昌曾对此质疑说："封山铭功犹可，至云禅，几僭天子之礼。"（周寿昌《汉书注校补》卷三八）周氏的意思，是说连封带禅，只能是帝王们报天报地的封禅大典，霍去病区区一带兵打仗的将领，何以能僭越此等天子之礼？由于觉得太悖戾常理，他便怀疑"禅于姑衍"这句话存在舛误。

周寿昌上面这段话，本来是针对《汉书·霍去病传》讲的，而《汉书·霍去病传》中的相关记载，是承自《史记·卫将军骠骑列传》。在核对《汉书·武帝纪》之后，周寿昌似乎找到了问题所在，做出说明云："《本纪》无'禅于姑衍'四字。"（周寿昌《汉书注校补》卷三八）这等于是在注解："'禅于姑衍'这四个字很有可能是文本流传过程中产生的衍文。"

这样的看法，是直面问题，指出了霍去病此举与常规存在严重的抵牾，但纪传体史书，在本纪与列传或志等其他部分之间，本来就存在着详略互见的关系，《汉书·武帝纪》较诸《霍去病传》有所省略，是很正常的写法，合乎其基本体例，并不能因《武帝纪》的略写而将《霍去病传》的全面记载强指为后世衍增的内容。

霍去病封禅于北徼的事实，既然在《史记》《汉书》中都有明确无误的记载，那么，我们现在能做和该做的工作，就是给它以合理的解释，解释这一事件背后潜存的历史因缘。

从前面讲述的迄至汉代有关封禅基本情况中，我们可以看出，诚如周寿昌所云，封禅是一种天子之礼，而霍去病不过是一位奉天子之命出征的将领，无论如何，也不具备封禅的资格，可是他又确实"封狼居胥山"而"禅于姑衍"，再说司马迁在《史记·卫将军骠骑列传》中谈到这一点时还是直接转抄汉武帝诏书里的话，刘彻金口玉牙就是这样讲的，绝不会有什么错谬。在霍去病这一方面，即使他丧心病狂，也断不敢擅自妄为如此。所以，我推测霍去病此举，只能是承汉武帝之命，为其代行封禅之礼。

汉武帝这样做，当然首先是通过这种告天飨地的典礼来宣示其开疆拓土的威德，但元狩四年（公元前119年）这次北征，并不是只有霍去病一人统领全部汉军，和他一同出塞的，还有比他名位更高的卫青。封禅这么大的事儿，绝不会是霍去病临时起意，率然为之；当时出塞千里之外，汉武帝也没有办法临时传布命令，指示他做出这一行为。实际的情况，非常明显，这只能是出兵之前汉武帝做出的安排。

那么，为什么汉武帝没有让资历、地位更高的卫青来替他行此大礼，而非要把这个荣耀安排给霍去病呢？答案也很简单：刻意以此来拔擢霍去病，抑制卫青。

卫青自元朔二年（公元前127年）以车骑将军率军北征，

一举收复秦末以后丧失于匈奴的所谓"河南地"以来，战功连连，地位亦日益尊崇，封万户侯，拜大将军，可谓位极人臣。但汉武帝生性猜忍暴刻，对谁都满怀疑忌，名位愈高自然疑忌愈重。

卫青深知汉武帝对臣下的猜忌之心，一直小心翼翼地"奉法遵职"，不敢招纳宾客，自树声誉。元朔六年（公元前123年），为全身远祸，甚至奉上"五百金为寿"，巴结汉武帝宠妃王夫人。可是，不管他如何恭谨，位势已然，汉武帝便不能不预加限制和防范，其具体做法，就是拔擢霍去病，以相牵制。在元狩四年（公元前119年）这次北征匈奴之前，霍去病已经身任骠骑将军，在汉武帝面前，亲贵的程度，与卫青并比，而史称每当霍去病出征，都是由着他先行择取军中精兵，"诸宿将所将士马兵亦不如骠骑"（《史记》卷一一一《卫将军骠骑列传》），这当然更容易取胜建功。

这次汉廷在元狩四年（公元前119年）发兵北征匈奴，较诸以往，在战略目标上即有明显不同。此前，在元朔六年（公元前123年）降附匈奴的汉将赵信，为匈奴献策，以为汉军不敢轻易越过大漠，深入漠北草原，故汉武帝决定出其不意，"大发士卒，其势必得所欲"。于是，"上令大将军青、骠骑将军去病将各五万，步兵转者踵军数十万"，分两路出兵北上。虽然是卫青、霍去病各自所率军兵都是五万骑，但"敢力战深入之士皆属骠骑"，偏委霍去病的态度是毫不掩饰的。按照最初的作战计划，是霍去病由定襄郡（今内蒙和林格尔一带）出塞，直接与匈奴单于交锋，但后来捉获匈奴俘虏，侦得匈奴单于驻扎在东部，于是，汉武帝立即改变原来的部署，改令卫青军由定襄出塞，而令霍去病军由东面的代郡（在今河北蔚县一带）出塞，明明白白地是想让霍去病占得击败匈奴单于的大功。（《史记》卷一一一《卫将军骠骑列传》）

在这种情况下，在成功兵入漠北之后，由霍去病出面，代为汉武帝举行一场封禅仪式，就应该是情理之中的既定安排了。尽管霍去病并没有如愿直接与单于对阵，实际和单于麾下匈奴主力部队作战还是卫青一军，但仍是要由霍去病出面举行这场告祭天地的盛大典礼，领受这份风光和荣誉。

抑此扬彼的姿态是明摆着的。这对于卫青来说，不啻一场活喇喇的羞辱。不仅如此，史称汉军回师之后，"乃益置大司马位，大将军、骠骑将军皆为大司马。定令，令骠骑将军秩禄与大将军等。自是之后，大将军青日退，而骠骑日益贵。举大将军故人门下多去事骠骑，辄得官爵"，最后只剩下司马迁的好友任安这一个老实人，不肯趋附炎凉世态，没有转投到霍去病的门下。（《史记》卷一一一《卫将军骠骑列传》）

太阳底下确实不会有什么新鲜事儿。看穿前汉霍去病在狼居胥山演出的这出戏，也就很容易明白后汉窦宪登上燕然山搞封禅，不过是旧戏重演，展现在世人面前的还是和过去一模一样的套路。

在前面第六篇《苍茫沙腥古战场》里已经谈到，窦太后让窦宪以车骑将军身份统兵北征匈奴，是想要通过这场必胜无疑的战争给自己的大哥解套，同时再藉用这次战功来擢升窦宪的官位，以更加牢固地掌控朝政。本着这样的认识来看窦宪在燕然山上搞的这场封禅典礼，就会很容易识破窦氏兄妹的政治意图——这只不过是给窦宪的头上再增添一道神圣的光环而已，其性质仍然只能是代汉帝报天报地，也就是替代汉和帝来举行这场封禅仪式。

三、这不是"封燕然山铭"

窦宪确实在燕然山上做了封禅的活动，但这并不等于我们今天在燕然山上见到的摩崖刻石，就是用于封禅或者载录封禅活动的铭文。要想确认这篇铭文的性质，首先需要对秦汉时期封禅活动的形式和作为有清楚的认识。

关于秦始皇如何封禅，《史记·秦始皇本纪》述云：

> 乃遂上泰山，立石，封，祠祀。下，风雨暴至，休于树下，因封其树为五大夫。禅梁父。刻所立石。

更多的情况，虽然并不清楚，但始皇帝在山上总共做了三件事，即立石、封和祠祀，言简意赅，说得非常明白。

按照上古以来的礼仪制度，具体的封禅礼仪，到底是怎么个搞法，当时就没有人能够说得清楚。因为这恐怕只是个很不切实的传说，前文已经谈到，在秦始皇之前是不是真的有人做过这事儿，本来就是说不清的。当年秦始皇带了"齐鲁之儒生博士七十人"来到泰山脚下，结果众博士议论纷纷，"各乖异，难施用"，烦得秦始皇干脆自己径自上山，想怎么搞，就怎么搞，实际上是自创了一套封禅的礼仪。惟后人仅知"其礼颇采太祝之祀雍上帝所用，而封藏皆秘之，世不得而记也"。（《史记》卷二八《封禅书》）真所谓"千古一帝"，做什么都有自出心裁的创造。

秦朝灭亡之后，如上一节所述，天下民众因怨恨其暴政，硬是谣传秦始皇根本没有在泰山封禅，因而到了汉武帝再搞封禅的时候，竟根本无法知悉秦始皇到底搞的是什么名堂，即司马迁所说"旷绝莫知其礼仪"。在这种情况下，五十多个儒生，重又像当年他们的前辈给秦始皇筹划其事那样，七嘴八舌，好一番争执，谁也不让谁。《汉书·艺文志》里著录有"《古封禅群祀》二十二篇，《封禅议对》十九篇，《汉封禅群祀》三十六篇"，就应当是这次讨论封禅的产物（其中"《封禅议对》十九篇"，班固自注已明言乃"武帝时也"）。到头来，"诸儒及方士言封禅人人殊"，始终没弄出个明白的结果来。无奈之下，汉武帝便听从左内史儿宽的建议，和秦始皇一样，也是"尽罢诸儒不用"，自己的事儿自己办，"金声而玉振之"，径遂己意，身往泰山，去办成了这件刚一登上帝位就一直想要办的大事（《史记》卷二八《封禅书》、《汉书》卷五八《儿宽传》）：

四月……乙卯……封泰山下东方，如郊祠太一之礼。
封广丈二尺，高九尺，其下则有玉牒书，书秘。礼毕，天
子独与侍中奉车子侯上泰山，亦有封。其事皆禁。明日，
下阴道。丙辰，禅泰山下址东北肃然山，如祭后土礼。天
子皆亲拜见，衣上黄而尽用乐焉。江淮间一茅三脊为神藉，
五色土益杂封。纵远方奇兽蜚禽及白雉诸物，颇以加祠兕
牛犀象之属不用，皆至泰山然后去。封禅时，其夜若有光，
昼有白云起封中。（《史记》卷二八《封禅书》。案，"颇以
加祠"原作"颇以加礼"，清梁玉绳《史记志疑》卷一六以
为"礼"字讹，据《史记·孝武本纪》及《汉书·郊祀志》
改；又"皆至泰山然后去"，原作"皆至泰山祭后土"，不
通，据清梁玉绳《史记志疑》卷一六依《史记·孝武本纪》
与《汉书·郊祀志》改；又"封禅时"，"时"字原做"祠"，
字讹，据清李慈铭《史记札记》卷一改。）

此前，在这一年的三月，汉武帝已经先行"令人上石，立之
泰山巅"（《史记》卷二八《封禅书》）。

与秦始皇不同的是，这一回，汉武帝实际上是在泰山
"封"了两次：先是在东坡的山脚下，然后才像秦始皇一样，
在山顶上又"封"了第二次。山脚下所封，显得很没有道理。
因为如前所述，所谓"封"的本义，是要"增泰山之高以报
天"，若是在山脚下来搞，再增加其高也高不过山顶，实在没
什么意思。不过，孤家寡人想怎么干就怎么干，古往今来都是

如此，旁边看热闹的偷着乐就是了。上引《史记·封禅书》所说"其事皆禁"，据云乃是因为此前诸儒众说不一，说不清楚到底该怎么办这件事儿，汉武帝做虽做了，可心里也还是没有底儿，"恐所施用非是，乃秘其事"（《续汉书·郊祀志》上）。

东汉光武帝的泰山封禅，在西晋人司马彪撰著的《续汉书·郊祀志》中有很具体的记载：

> （建武三十二年正月）上许梁松等奏，乃求元封时封禅故事，议封禅所施用。有司奏当用方石再累置坛中，皆方五尺，厚一尺，用玉牒书藏方石。牒厚五寸，长尺三寸，广五寸，有玉检。……又用石碑，高九尺，广三尺五寸，厚尺二寸，立坛丙地（案，指南方），去坛三丈以上，以刻书。上以用石功难，又欲及二月封，故诏松欲因故封石空检，更加封而已。松上疏争之，以为"登封之礼，告功皇天，垂后无穷，以为万民也。承天之敬，尤宜章明。奉图书之瑞，尤宜显著。今因旧封，窜寄玉牒故石下，恐非重命之义，受命中兴，宜当特异，以明天意"。遂使泰山郡及鲁趣石工，宜取完青石，无必五色。时以印工不能刻玉牒，欲用丹漆书之，会求得能刻玉者，遂书。书秘刻方石中，命容玉牒。
>
> 二月，上至奉高，遣侍御史与兰台令史，将工先上山刻石。……二十二日，辛卯晨，燎祭天于泰山下南方，群神皆从，用乐如南郊。诸王、王者后二公、孔子后褒成君，

皆助祭位事也。事毕，将升封。或曰："泰山虽已从食于柴祭，今亲升告功，宜有礼祭。"于是使谒者以一特牲于常祠泰山处，告祠泰山，如亲耕、貎刘、先祠、先农、先虞故事。至食时，御辇升山，日中后到山上更衣，早晡时即位于坛，北面。群臣以次陈后，西上，毕位升坛。尚书令奉玉牒检，皇帝以寸二分玺亲封之，讫，太常命人发坛上石，尚书令藏玉牒已，复石覆讫，尚书令以五寸印封石检。事毕，皇帝再拜，群臣称万岁。命人立所刻石碑，乃复道下。

二十五日甲午，禅，祭地于梁阴，以高后配，山川群神从，如元始中北郊故事。

这里还提到西汉武帝时期的"旧封"，可见此番举措对前汉旧制有很大的继承性。

通观上述记载，可以看出，尽管从秦始皇到光武帝，这些封禅活动都有他们各自独出心裁的做法，既缺乏确切的经典依据，也没有世代相传的制度可以遵循，但还是贯穿着一些共同的内容。一般来说，其整个封禅活动，都包括如下三项重要内容：（1）祭祀天地的仪式（即《秦始皇本纪》所说"祠祀"）。（2）"封"这一典礼，建有石坛，当中收纳有告天的玉牒。（3）在"封"礼之坛的旁边竖有"立石"，或谓之曰"石碑"，在上面铭刻文字。

在这三项内容当中，玉牒和石碑都镌刻有文字，而玉牒的大小仅"厚五寸，长尺三寸，广五寸"，且秘藏于石坛之内，与燕然山刻石在形式上相去甚远，与之大略相当的，只有石坛之旁竖起的"立石"或者"石碑"了。

秦汉两朝皇帝封禅活动的三项主要内容，既然一以贯之，那么，寻绎其首尾脉络，只能将其创制渊源归诸始皇帝了。秦始皇之所以要在泰山之巅"立石"并"刻所立石"，《史记·封禅书》解释说是为了"颂秦始皇帝德，明其得封也"，即这一刻石的实质性内容，是臣子为封禅的皇帝歌功颂德，向天下百姓宣示，圣明天子功高德厚，具备封禅的资格，而不是载述所谓"封禅"的具体内容。显而易见，就我们在这里所要讨论的问题而言，只有后者，才适宜于称作"封泰山铭"。当然，若是别封于某山，就可以称作"封某山铭"，如燕然山，即可名之曰"封燕然山铭"。

载述封禅具体内容的文字，是上述三项封禅活动内容中的玉牒，而不是所刻"立石"或者"石碑"。如上所述，当时的玉牒是深藏秘扃以致世人无以知晓其文字的，之所以如此神秘，则是因为此乃君王"告功皇天"，是天子写给天帝的献词，最具实质性意义，所以这才算得上是地道的"封山之铭"。幸运的是，王莽当年准备封禅用的玉牒，被考古工作者发掘到一块残片，使我们得以略窥其面目。（参见冯时《新莽封禅玉牒研究》，刊《考古学报》2006年第1期）

从司马迁的《史记》开始，人们通常都是把秦始皇泰山封禅时在立石上镌刻的文字，称作"泰山刻石"，几乎没人会把它称作"封泰山铭"。观秦始皇所制大型石刻铭文，除

王莽置备的泰山封禅用玉牒残片
（据冯时《新莽封禅玉牒研究》）

了此泰山刻石之外，还有峄山、琅邪、之罘、碣石、会稽五处，总计七通刻石（之罘刻石有两通）。其中秦始皇二十八年（公元前219年）峄山初刻铭文是在泰山刻石之先，其余琅邪诸石乃继于其后。铭文的内容，从峄山首发其议时起，就是"刻石颂秦德"，所以每一处铭文，无一例外，都是群臣为秦始皇歌功颂德。《史记·秦始皇本纪》对这些刻石的性质有清楚的说明，铭文中对此也都有直接的表述（案，除峄山刻石之外，其余六通刻石的内容，俱载《史记·秦始皇本纪》，后人颇疑传世《史记》脱失峄山刻石的内容，原石毁于唐代或其以前，唐代以来，有重摹本传世，唐宋间佚名纂《古文苑》卷一，收录有《峄山刻石文》。又《史记·秦始皇本纪》记述秦始皇在二十九年刻石于之罘以前，曾于二十八年"登之罘，立石颂秦德焉而去"，似已先行刻石于之罘，然清人顾炎武于《山东考古录》乃谓《史记》"于之罘，则二十八年云立石，二十九年云刻石"，二者自属同一过程的前后两个阶段，说见顾氏《山东考古录》之"辨无字碑为汉立"条）。如泰山刻石即明言"从臣思迹，本原事业，祗诵功德"。在这一点上，其余六通刻石与泰山刻石完全一模一样，是没有丝毫差别的。换句话说，就是不管秦始皇在泰山搞不搞封禅，"立石"上铭文都是这么个刻法，这样人们也就更容易理解，是不能把这篇铭文称作"封泰山铭"的。

汉武帝泰山封禅，是否尝铭刻其令人竖在泰山之巅的"立石"，在《史记》《汉书》中并没有明文记载，故后人多谓汉武帝封禅乃未尝刊碑刻文（如清顾炎武《山东考古录》之"辨无字碑为汉立"条），近周雯撰《汉碑地域分布研究》（待刊），乃揭明晋司马彪《续汉书·郊祀志》梁刘昭注及《汉书·武帝纪》之唐颜师古注并引有东汉应劭《风俗通义》所载汉武帝刻石铭文，此亦碑刻研究历史中的重要事件，其辞如下：

> 事天以礼，立身以义。事父以孝，成民以仁。四海之内，莫不为郡县，四夷八蛮，咸来贡职，与天无极。人民蕃息，天禄永得。（《续汉书·祭祀志》上梁刘昭注）

审视其内容，还是颂扬汉武帝的功德，应劭本人也明确述说云："刻石，纪绩也。"（《汉书》卷六《武帝纪》唐颜师古注）尽管审其文义，似颇有不足，《风俗通义》所载应只是其中的一部分内容，但仍然可以看出它对秦始皇泰山刻石的继承。

从形式上看似乎有所变化的，是东汉光武帝东封泰山时所刻制的石碑。这通石碑的文字，全文收录于西晋司马彪的《续汉书·祭祀志》中，其中不仅开篇就谈到这次封禅，还谈到了这次封禅的具体时日，以及图谶所示的天命，亦即刘秀封禅的必然性。这些内容，看起来似乎都是在铭记封禅之举，可是通览全篇，仍是臣子叙事的口吻，（《后汉书》卷三五《张纯传》云："（建武）中元元年，帝乃东巡岱宗，以纯视御史大夫从，并上元封旧仪及刻石文。"）其核心主旨，依旧是在赞颂光武帝中兴皇汉的丰功伟绩和他诞应天命的圣德。故亲临此番封禅盛典的马伯第述此碑石的性质，乃是"刻文字，纪功德"，并称此碑为"纪号石"。（《续汉书·祭祀志》上梁刘昭注引马伯第《封禅仪记》）其所谓"纪号"云者，应即应劭所说汉武帝泰山封禅刻石的"纪绩"。《风俗通义·正失》谓"克（刻）石纪号，著己绩也"，已经阐明这个意思；《白虎通义·封禅》所谓"刻石纪号者，著己之功迹以自劾也"，讲的也是同样的道理。盖所谓"号"者，"名号"是也，封禅者之功德业绩，自宜有相应的名号，故有此语。

正因为如此，清严可均辑《全上古三代秦汉三国六朝文》，著录光武帝这通刻石的铭文，也是依照世人对待秦始皇东巡刻石的成规，将其拟名为《泰山刻石文》，而不是书作"封泰山铭"之类的篇题。

明了这些秦汉时期的封禅石刻的性质和前人对它的一般称谓，再来看这篇镌刻在燕然山上的铭文，《后汉书·窦宪传》述其缘起，本已清楚标明是"刻石勒功，纪汉威德"，通篇讲的也都是窦宪北征的经历，颂扬这位统兵出征的车骑将军如何"恢拓疆寓（疆宇），震大汉之天声"，可知乃一循秦皇汉武故辙，以歌功颂德为宗旨。须知撰写这篇铭文的班固，在撰著《汉书·郊祀志》时本多袭用《史记·封禅书》的旧文，因之亦谙熟秦始皇和汉武帝的封禅旧事，故由其执笔为窦宪撰著此文，自然不会违逆世已通行的规则。因此，我们今天为这篇铭文拟名，便应该像所谓"泰山刻石"一样，依其所在地点，定为《燕然山铭》，而不宜将其称作"封燕然山铭"，尽管铭文中也有"封山刊石"的说法，还有句云"封神丘，建隆碣"。

2018年4月13日记

第十篇
《燕然山铭》与汉代经学以及史学家班固

在前面的篇章里，我已经谈到，《燕然山铭》的发现，在文献学上的价值，不在于找到了前所未知的著述，而是目睹了更加原始的版本。这样的"原始版本"，对史学问题的研究，虽然也具有很大价值，但对经学及其相关问题研究的作用要更为关键，其文本的差异也更有特殊意义。

至于这篇铭文对研究东汉时期相关历史问题的作用，前面我已经就其中最主要、或者说是最突出的问题，做了比较具体的阐释，只是特地留下一个与其作者班固个人身世相关的问题，在此一并予以叙说。

一、泐损的"永元石经"

汉武帝"罢黜百家，独尊儒术"，这是中国社会上流传已久的一种通俗说法，给人以汉武帝以后中国的政治统治思想以及附丽其旁的社会文化便是由儒家一统天下。实际上汉武帝不过是援经义以饰治术，打个斯文的幌子而已，生时死前，都根本没有以儒治国的想法。西汉元、成二帝以后，所谓"儒术"才得到人君的尊崇，而经学主导地位的全面确立以及与社会生活各个方面的深度融合，即所谓世道人心，一归于夫子之学，应该是进入东汉时期以后的事情。清初大儒顾炎武论中国古代社会风俗的变迁，以为"汉自孝武表章《六经》之后，师儒虽盛而大义未明，故新莽居摄，颂德献符者遍于天下。光武有鉴于此，故尊崇节义，敦厉名实，所举用者，莫非经明行修之人，而风俗为之一变。……三代以下，风俗之美，无尚于东京者"，又云："盖自春秋之后至东京，而其风俗稍复乎古，吾是以知光武、明、章果有变齐至鲁之功"（顾炎武《日知录》卷一三"周末风俗"及"两汉风俗"条），即谓迄至东汉，儒学始得纯正。

东汉一朝，儒家思想，深入人心，弥漫于社会生活的各个方面，经书也普遍流行。那个时候还没有印刷的手段，经学的内容和经书的传布，只能靠口授手抄。可以想见，一个老师传授一种文本，抄写一次会出现一次讹变。日久天长，同一种经书，不同的文本之间，免不了会产生很多差异。到了东汉后期，如蔡邕所见："经籍去圣久远，文字多谬，俗儒穿凿，疑误后学。"世间流传的经书，其文字混乱，已经达到了一个相当严重的程度。为此，蔡邕奏请正定经书的文字，得到了汉灵帝的允准。(《后汉书》卷六〇下《蔡邕传》)

于是，在熹平四年（175年）三月，一派和煦的春光里，汉灵帝"诏诸儒正《五经》文字，刻石立于太学门外"(《后汉书》卷八《灵帝纪》)。——这就是中国历史上著名的《熹平石经》。

《熹平石经》由蔡邕发起倡议，也是由蔡邕亲笔书写上石。"于是后儒晚学，咸取正焉。及碑始立，其观视及摹写者，车乘日千余两，填塞街陌。"(《后汉书》卷六〇下《蔡邕传》) 也就是说，大家竞相赶到太学门前，观摩石碑上的经文，以核对并校改自己手中经书的文字。东汉京师洛阳城里的住户，无论如何也不会有"千余两（辆）"车，这些"观视及摹写者"应是来自全国各地。人们都把太学门外的石经，奉为标准的模板。

由于"石经"的镌刻对校定经书文本发挥了良好作用，在这之后，颇有人效法其事，重新刻制这样的石质经书。例如，在曹魏，于正始年间立有所谓《三体石经》（亦以立碑年代称作《正始石经》），唐有《开成石经》，等等。除了这样的文本出自朝廷勘定之外，世人看重"石经"，与其形态稳定，能够坚固耐久，不易像竹帛纸张的写本一样发生变异，也是一项重要原因。这一点，对后世的研究者来说，尤为重要。

西安碑林博物馆藏《熹平石经》残石拓片
据赵立光编著《风雨沧桑九百年：图说西安碑林·碑石（秦—盛唐）》

《熹平石经》本来是研究东汉经书和经学最重要的文本，可遗憾的是，在北魏时期，《熹平石经》即遭到严重损毁，被笃信佛教的官员，将其用作石材，以建筑浮图精舍，后来迭经变故，至今已存留无几。近人马衡先生辑录存世零散残存文字的拓片，编成《汉石经集存》一书，世人可藉此略见其仿佛。

比汉灵帝"诏诸儒正《五经》文字"更早，在章帝建初四年（79年），就搞过一次正定《五经》文字异同的活动。这次活动是"大会诸儒于白虎观，考详同异"，由汉章帝亲自主持并做出最终裁决。（《后汉书》卷三《章帝纪》，又卷七九上《儒林传》上）值得注意的是，《燕然山铭》的作者班固，参与其事，并奉命撰集其事，这就是流传至今的《白虎通义》。（《后汉书》卷四〇下《班彪传附班固传》）

班固虽然是以史学著作《汉书》与太史公齐名，并称于世，但生在经学盛世，自然也是首先要以经学安身立命。《后汉书》本传称其"博贯载籍，九流百家之言，无不穷究，所学无常师"（《后汉书》卷四〇下《班彪传附班固传》），而当时人乃以"通儒"目之（《后汉书》卷六四《卢植传》），故亦谙熟经书，所以汉章帝才会让他来撰集《白虎通义》。

正因为如此，我们可以看到，在《燕然山铭》中，班固援用了许多经书的语句。由于所处的时代和他在经学传承中的地位，这些语句，对东汉的经书和经学研究，当然会有重要价值。现在通过中国和蒙古两国学者的辛勤考察工作，我们又看到了这个比《熹平石经》要早很多的摩崖石本，就好像发现了一部前所未知的"永元石经"。假若铭文保持完好，真可谓一字千金，能够帮助我们更好地认识相关的经学问题。令人遗憾的是，由于岁月久远，风吹雨淋，《燕然山铭》刻石的文字，泐损严重，有很多已经模糊不清，特别是其中一些与经文直接相关的重要字词，现在已经很难辨识。

二、从"大麓"到"区夏"

迄今为止，中蒙两国参与实地考察并制作铭文拓片的学者并没有公布《燕然山铭》比较清楚的拓本或是原石照片，这给精确的刻石文字研究造成一定困难。前此我对这篇铭文所做的辨识，只能依赖相关考察人员在网络上公布的拓本照片，以致有很多文字难以确切认定。

中国方面参与《燕然山铭》考察工作的齐木德道尔吉先生等人，在2017年第12期的《文史知识》上发表《蒙古国〈封燕然山铭〉摩崖调查记》一文，公布了他们对刻石铭文的判读。我在2018年年初，读到这篇文章，知其判读结果如下：

第1行：惟永元元年 秋七月，

第2行：有漢①元舅曰 車騎將軍 竇憲，寅亮聖明，

第3行：登翼王室，納於大麓，惟清緝熙。（廼）與執金吾

第4行：耿秉，述職巡（圍），理兵（于）朔方。鷹揚之校，

第5行：螭虎之士，爰該六師，暨南單于、東烏桓、

第6行：西戎氏羌侯王君長之羣，驍騎三萬。

第7行：元戎輕武，長轂四分，雲輜蔽路，萬有三

第8行：千餘乘。勒以八陣，蒞以威神，玄甲（燿）日，

第9行：朱旗絳天。遂陵高闕，下雞鹿，經磧鹵，絕

第10行：大漠，斬溫禺以釁鼓，血尸逐以染鍔。然

第11行：後四校橫徂，星流彗埽，（條）（平）萬里，野

第12行：無遺寇。於是域滅區（落），反斾而（還），考傳

第13行：驗圖，窮覽其山川。遂蹑涿邪，（進）安侯，乘燕

第14行：然，（汗）冒頓之（逗）（略），焚老上之龍庭。上

第15行：以攄高、文之宿憤，光祖宗之玄靈；下以

第16行：安固後嗣，恢拓（彊）（寓），（震）大漢之天聲。茲

第17行：所謂一勞而久逸，暫費而永寧者也，

第18行：遂封山刊石，昭銘上德。（其）辭曰：

第19行：鑠王師兮征荒裔，（伐）（匈）虐兮（釓）海外。敻其邈兮

第20行：亙地界，封神丘兮建（陸）碣。熙帝載兮振萬世。

《文史知识》所载齐木德道尔吉等对《燕然山铭》刻石的判读
〔□：摩崖刻石字迹模糊无法辨识之字；○：摩崖刻石所无之字；
（ ）：摩崖刻石作此而与《后汉书》不同的字〕

这一判读，有的与我此前发表的看法一致，有的则与我的辨识存在出入。总的来说，齐木德道尔吉先生等人直接目验拓本，又曾亲临现场观察原石，看到的铭文，一定会比我清楚得多，判读的结果理应多可信从。将来更加清晰的拓本公布之后，人们也自然会参照拓本，做出自己的抉择。

不过根据齐木德道尔吉先生等人已经公布的拓本照片，对比其中一些相对比较清晰的字迹，我对他们的判读，仍持有一些疑问。在目前情况下，还不敢遽然率皆信以为是。例如，齐木德道尔吉先生等人所定"一劳而久逸，暂费而永宁"句中的"一"字，《后汉书·窦宪传》虽然就是这样书写，但我看原石拓本的照片，觉得还是镌作"壹"字的可能性更大。唐李贤等注《后汉书》，解释说这句话是本自西汉杨雄进谏给哀帝的上书，其中有句云"以为不一劳者不久逸，不暂费者不永宁"，可是检核《汉书》原文，却是把"一劳"书作"壹劳"。(《汉书》卷九四下《匈奴传》下) 再看《熹平石经》残石的后记，其中亦有语云"壹劳而久逸，暂费而□（案，下有阙文）"，整个句子与此《燕然山铭》几乎一模一样，具体文字的写法，则如我对《燕然山铭》的辨识一样，是镌作"壹"，而同一块碑石上前面另镌有"经本各一通"云云字样，可见书写者对"壹"之与"一"，作有明显区分。这在很大程度上可以认定，"壹劳久逸"应该更符合东汉时期比较正规的用法。又如，"其辞曰"三字，《后汉书·窦宪传》即如此书写，可是，齐木德道尔吉先生等人却把其中的"其"字，标

《燕然山铭》局部拓本

（据《中国收藏》2017年第10期）

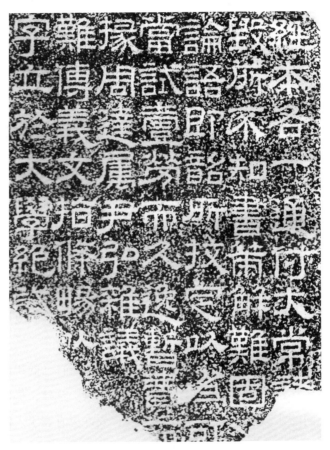

《熹平石经》后记残石
（据马衡《汉石经集存》）

清道光刻本吴云蒸《说文引经异字》　　清光绪刻本皮锡瑞《汉碑引经考》

注为摩崖石刻与《后汉书》不同的字。其实审视原石拓本也应是此字，只是汉隶的字形与正书略有差别而已。其复原的铭文，何以至此，完全不得其解。

　　基于这样的原因，我想现在还是暂且保留自己的辨识意见，尽管其中不可避免地会有一些误读误判。这样，提供一些不同的认识和思考，以供大家参看，或许更有利于人们最终准确地认定刻石铭文的内容。

　　摩崖刻石中直接出自经书的文字，虽然大多都因泐损而一时难以辨识，但参照刻石中可以比勘的文字，可知刻石铭文与传世文本毕竟大多基本相同；也就是说传世文本还是保存了《燕然山铭》的基本面貌。因此，对《后汉书》和《文选》等传世文献中的录文，还是应当给予高度的认识。

清朝以迄民国的学者，对早期传世文献中引录的经文，都很看重。例如，辑录经书文句的工作，即有清吴云蒸《说文引经异字》、缪佑孙《汉书引经异文录证》、皮锡瑞《汉碑引经考》（实际上涉及的不仅限于严格意义上的汉碑，也包括摩崖刻石等石刻形式）等。他们在《燕然山铭》引录或是藉用的经书文句方面，也做了很多积极的工作，对经学史研究很有帮助。

摩崖刻石中的相关文字，虽然泐损比较严重，但在其他辅助条件充分的情况下，有时通过一两道字痕就可以确定原来刻的到底是个什么字。在古代铭文的研究中，文字的辨识与利用这些文字来从事学术研究，本来就是相辅相成的两件事情，常常是可以互为前提的。

基于这样的认识，在目前情况下，我们不妨姑且先积极关注清朝学者利用《后汉书》和《文选》所做的工作，关注他们利用这些传世文本所得出的见解。一方面，这些内容是《燕然山铭》文献学价值的重要体现，不能避而不谈；另一方面，如上所述，深入解析这些内容，反过来也有助于我们透过残存的字痕，复原《燕然山铭》刻石的原始形态。

谈到《燕然山铭》涉及的经学问题，首先需要知悉班固所受经学的流派。众所周知，汉代的经学传承，有今文和古文两大系统。所谓"今文"源自当时通行的隶书写本，而

"古文"直接出自战国时期文字书写的文本。在班固所处的东汉前期，今文学说盛行，但班固由于"所学无常师"，清人刘文淇称其"良以家世之渊源，父执之讲习，于今文、古文之学均能择善以从"，兼而通之。（清成蓉镜《禹贡班义述》卷首刘文淇序）这样的"通儒"，在当时并不多见。

这样，对待《燕然山铭》采用的经文，更需要一一具体分析。况且同属今文或是古文，也还有具体门派的区别，这就更需要一事一议了。经学家们，讲究的就是这一套，每一处文字，都很重要。

《燕然山铭》开篇谓窦宪"寅亮圣皇，登翊王室，纳于大麓，惟清缉熙"，其中"寅亮"出自《尚书·周官》"贰公弘化，寅亮天地"之语，"纳于大麓"乃径用《尚书·尧典》成文，"惟清缉熙"也是《诗经·周颂·维清》的原句（只是通常是把"惟清"书作"维清"），这些在唐章怀太子李贤的注里，都有清楚说明。（案，"寅亮"一语，情况比较复杂，尚需进一步深入研究。盖《周官》系所谓《伪古文尚书》所独有的篇目，似非班固所得引述，其语或应如王先谦《后汉书集解》所言："'寅亮圣明'，对'登翼王室'为文，本谓进助圣明，自章怀注误引《伪书》，《选注》亦沿其误矣。"）班固援用这么多经书里的词句，不过是为谄媚窦宪，称颂他辅弼汉室的功勋和独揽朝纲的枢臣地位。

在这些密切关涉经学的文句中，与两汉经学传承关系最为重要的是"纳于大麓"这一文句。当时经学家对《尚书》

中这句话的解释，大致可以分为两派。一派是把"大麓"的"麓"释为山脚，另一派则把"大麓"解释成"大录"，即总理国事的意思。西汉元帝报丞相于定国书，其中有"万方之事，大录于君"的话（《汉书》卷七一《于定国传》），就是藉用《尚书》的典故，谓丞相总持政务为"大录"。关于这两种解释，到底出自哪一门派，后世的经学研究者说法不一，外行人一下子很难摸清门道。

就我个人的理解而言，比较认同清人陈乔枞和皮锡瑞的看法，陈、皮两人乃谓遵循其字面语义将"麓"字释作山脚的，是古文经学家和今文经学中的欧阳氏学；而把"大录"解作总持政务之义的是今文经学中的大、小夏侯氏之学。（陈乔枞《今文尚书经说考》卷一。皮锡瑞《今文尚书考证》卷一）核诸班固在《燕然山铭》中的用法，乃是以"大麓"为"大录"，可知在这一点上，他是承用大、小夏侯一派的学说。

认证这一点，对我们了解东汉前期经学的具体发展状况，是很有意义的。盖班固著《汉书》，在《地理志》中既引桑钦古文《尚书》之说，又引平当所传欧阳氏今文《尚书》之学，现在我们在《燕然山铭》中又看到了夏侯氏之今文《尚书》的鲜明体现，这清晰反映出班氏融通诸家学说于一身的实际情况。正是在这样的基础之上，后来才出现像郑玄那样的通识鸿儒，将今古文经学熔铸为一体，构建出一整套内容完备的经学体系。

附带说明一下，皮锡瑞已经指出，"纳于大麓"的"于"

字，也表明班固在这里采纳的是夏侯氏《尚书》的写法，欧阳氏《尚书》则与此不同，乃是书作"人"字（皮锡瑞《今文尚书考证》卷一），可见这个"于"字关系重大，不是怎样写都行的。《后汉书·窦宪传》和《文选》载录的《燕然山铭》，本来也都是书作"于"字，可是齐木德道尔吉先生等人判读的铭文，却是把它写成了"於"，这一点是非常令人疑惑的。像这样的情况，也使我不能简单地依从他们的释文。

《燕然山铭》中类似的经文，还有很多，只是目前所能看到的刻石拓片，字迹模糊不清，实在无法一一比勘摩崖刻石的铭文。以后若能公布更加清晰的拓本，相信读者能够更多关注相关的问题，以进一步落实铭文所涉及的经学内容。

在相对比较清晰一些的刻石铭文中，还有一些文字，虽然不是直接出自经书，但仔细揣摩，对经学研究也会有所帮助。

例如，在经书使用的虚词方面，清人王引之撰《经传释词》，曾列举这篇铭文中"所"字的用法叙述说："《后汉书·窦宪传·燕然山铭》'兹所谓一劳而久逸，暂费而永宁者也'，《文选》'所'作'可'，'可'与'所'同义，故'可'得训为'所'，'所'亦得训为'可'。"（王引之《经传释词》卷五）其实《后汉书·窦宪传》和《文选》的异文，究竟哪一个字才是其原始的形态，这对准确了解"所"、"可"二字的实际转换情况，是很重要的事情。现在我们通过刻石铭文，得以确认《后汉书·窦宪传》的"所"字，乃是班固本人写定的文字，而《文选》的"可"字则是后人传写过程中根据自己的习惯所做的同义替换。

又如，《后汉书》等《燕然山铭》传世文本中"恢拓境宇"这句话，我审辨原石拓本，将"境宇"二字更定为"壃寓"，齐木德道尔吉先生等人则将其识作"疆寓"。我感觉齐木德道尔吉先生等人的判读与刻石的字迹并不吻合。"壃"之与"疆"只是字形的差别，并没有什么实质上的差异，但作"寓"还是作"寓"，却能够引生更多一些思考，并触及经书中的一些重要问题。

在今本《汉书·叙传》中，当述及《西南夷两越朝鲜列传》时，班固语曰："攸攸外寓，闽越东瓯。爰洎朝鲜，燕之外区。汉兴柔远，与尔剖符。"对这个"寓"字，清人王念孙尝有考释云：

> "寓"当为"寓"字之误也。《说文》：寓，籀文"宇"字。闽、越、东瓯，皆在汉之南徼外，故曰"外寓"（王粲《鹦赋》："震声发乎外寓。"），犹下文言"燕之外区"也。若作"寄寓"之"寓"，则义不可通。刘逵《吴都赋》注引此作"悠悠外宇"，故知"寓"为"寓"之讹（张衡《思玄赋》"怨高阳之相寓兮"，《风俗通义·祀典篇》"营寓夷泯"，今本"寓"字并讹作"寓"），而此字师古无音，则所见本已讹作"寓"矣。（清王念孙《读书杂志》之《汉书》第十五"外寓"条）

这个"寓"和"宇",系同字异构,清人薛传均的《文选古字通疏证》,对此做有详细的论证(《文选古字通疏证》卷一),故《后汉书》的录文转用"宇"字,也算得上是一种正常的衍化。

就像《燕然山铭》以"罿寓"连用来表示领地的界限一样,这个衍化而生的"宇"字,也常常被用来表示疆域,其中"区宇"并连就是一种很常见的用法。如东汉马融《广成颂》所说"坰埸区宇"(《后汉书》卷六〇上《马融传》)、张衡《东京赋》中的"区宇乂宁"(《文选》卷三汉张衡《东京赋》)以及隋朝官修的《区宇图志》(《太平御览》卷六〇二《文部·著书》下引《隋大业拾遗》),等等。显而易见,其中的"区"字,大致亦与"罿寓"的"罿(疆)"字相当,表示统辖区域的界限或是边界。

由此进一步推衍,不禁令我联想到《尚书·康诰》中提到的"区夏":

> 惟三月哉生魄,周公初基,作新大邑于东国洛。四方民大和会。侯甸男邦采卫,百工播民和见,士于周。周公咸勤,乃洪大诰治。
>
> 王若曰:"孟侯,朕其弟,小子封!惟乃丕显考文王,克明德慎罚,不敢侮鳏寡,庸庸,祗祗,威威,显民。用肇造我区夏,越我一二邦,以修我西土。惟时怙冒,闻于上帝,帝休。天乃大命文王,殪戎殷,诞受厥命,越厥邦厥民,惟时叙。乃寡兄勖,肆汝小子封,在兹东土。"

"区夏"二字在这里是指初兴于西陲的周室，这一点显而易见，而《尚书》伪孔传与唐人孔颖达的义疏俱释"区夏"为"区域诸夏"（唐孔颖达等《尚书注疏》卷一三），后世说《书》者则多将其解作并且也用作"中夏"之义，实则于文义俱扞格难通，"中夏"一说尤与周文王"修我西土"的实际情况相悖戾。长久以来，一直没有人对此"区夏"做出通畅的解释。

若是比照"畺寓"和"区宇"的语义，把这个"区"字解作疆界，那么，就可以把"区夏"理解为居住在缘边地带的华夏之人，这便与周公因封授康王于东国而谆谆讲述周人肇兴自"西土"的艰难历程这一背景契合无间，上下语句之间，似乎也略无抵牾。

看起来只要勤于思考，《燕然山铭》刻石残存下来的这些文字，是可以为经学以及其他历史文献的研究有所贡献的，关键是要具备相应的背景知识。

三、丹青易著　大雅难鸣

在现实社会中，我们每一个人都在经历历史。每时每刻，或把自己的言行叠垒于历史的丰碑之上，或是刻画于耻辱柱中。

大多数人的言行举止，看起来好像平平常常，因而人们往往会以为自己的所作所为无关天下大势，一旦身经黑暗的时代，当时总讲什么"社会就是如此"，过后又要说什么"当时的大环境就是那样"，终归自己心安理得，没有一丁点儿社会责任。

冒险犯难，以至杀身成仁，这确实很难，我等凡夫俗子，要是做不到，似亦不必过多自责。但只要天良未泯，我们心里总应该明白，一个人该做什么，不该做什么；总应该心生感激，心存敬意，向那些奋起抗争的英雄致敬。

在黑暗的岁月里，不向威权献媚，不因功利的诱惑而随声起舞，这是一个正派人的底线，更是正派读书人的需要坚守的基本立场。这样做，通常并没有什么危险，饭还可以照样吃，觉也能照样睡，只不过失去爬上去的机会而已（当然最可恶的还不是这些卖身投靠的家伙，而是那些既做了婊子又大模大样地给自己立牌坊的无耻之徒）。狗洞本来就不是人行通道，不往里爬，是很正常、也很平常的选择。

写下这篇《燕然山铭》的班固，是一位书写历史的学者。历史学家稽古鉴今，自然要比其他人负有更多的历史责任，要在实际社会生活中勇于恪守正义的良知。这就像大学讲坛上的历史研究者一样，不能在学生和不相干的人面前，古往今来，讲的云遮雾罩，一派"清流"的扮相，而在现实的权势面前却是媚态百生，攀高附贵，奴颜婢膝，仅仅为了多叼到一两块骨头。

在登上燕然山之前，班固已经大体完成了其传世名作

《汉书》的写作。有意思的是，关于一个历史学家如何度过自己的人生，班固在《汉书》中对他的西京前辈司马迁，讲了下面这样一段话：

> 司马迁据《左氏》《国语》，采《世本》《战国策》，述《楚汉春秋》，接其后事，讫于天汉，其言秦汉，详矣。至于采经摭传，分散数家之事，甚多疏略，或有抵牾。亦其涉猎者广博，贯穿经传，驰骋古今，上下数千载间，斯以勤矣。又其是非颇缪于圣人，论大道则先黄老而后《六经》，序游侠则退处士而进奸雄，述货殖则崇势利而羞贱贫，此其所蔽也。然自刘向、扬雄博极群书，皆称迁有良史之材，服其善序事理，辨而不华，质而不俚，其文直，其事核，不虚美，不隐恶，故谓之实录。乌呼！以迁之博物洽闻，而不能以知自全，既陷极刑，幽而发愤，书亦信矣。迹其所以自伤悼，《小雅·巷伯》之伦。夫唯《大雅》"既明且哲，能保其身"，难矣哉！（《汉书》卷六二《司马迁传》）

对《史记》撰著中的疏略和抵牾的批评，只是技术性问题，在此姑且置而不谈，下面我们来解析一下班固对司马迁个人行为和他撰著《史记》指导思想的评价。

首先，人们需要明白，班固的《汉书》，完全是因袭《史记》的"纪传体"体裁，其中还有很大一部分内容，是近乎原封不动地袭用太史公的原文。这种体裁，为司马迁首创，而司马迁在这种所谓"纪传体"史书中最为核心的创建，是人物列传。做出这样的创建，是出自司马迁对个人命运的深切思索和关怀，其间也寄寓着他的人生信念，是有血有肉的史家在倾心关注有血有肉的生命。班固讥讽他"序游侠则退处士而进奸雄，述货殖则崇势利而羞贱贫"，殊不知司马迁所述，都是直接针对汉武帝时期残酷的政治现实和堕落的社会风尚，有见而发，有激而言，字里行间，无处不透射着他的人生追求和身世感慨，这些正是太史公史笔的可贵之处，足以光耀千古，绝不是班固空泛的道德高调所能轻易贬抑的。

班固显然很不理解司马迁的人生追求。《汉书·司马迁传》所说《小雅·巷伯》之伦"，唐人颜师古有注释云："巷伯，奄官也，遇谮而作诗，列在《小雅》。其诗曰'萋兮菲兮，成是贝锦'是也。"颜师古说的"奄官"，也就是宦官，即班固以为司马迁之撰著《史记》，不过像作《小雅·巷伯》之诗的宦者那样自伤自悼而已，而他所标榜的人生态度，应如《诗经·大雅·蒸民》诗中所吟咏的那样："既明且哲，以保其身。"后世市侩哲学中那条"明哲保身"的训谕，就是出自这里。

遵循这样的人生哲学，班固当然不会像司马迁那样出于天理而去触犯上意，面对当政者的淫威，他不仅仅限止于献赋称颂、与时俯仰而已，甚至一味奉迎窦氏兄妹的私意，卖身求荣。

东汉历史上的外戚阉宦之祸，大致都是肇始于窦氏兄妹时期，窦宪其人堪称罪魁祸首。这次窦宪在永元元年（89年）带兵征讨北匈奴，不过是他们兄妹二人为控制朝政而玩弄的一个计谋，这在前面相关的篇章里我已经做过具体的说明。面对窦氏兄妹专擅朝政，当时朝臣中的正直人士，纷纷挺身抗争。如尚书仆射郅寿、乐恢，"并以忤意，相继自杀"（《后汉书》卷二三《窦宪传》），尚书何敞亦因上书切谏，遭外放左迁（《后汉书》卷四三《何敞传》）。此外，还有司徒袁安、司空任隗、太尉宋由等人，也都刚正不阿，显示出高风亮节。（《后汉书》卷四五《袁安传》）与这些正人君子相比，班固写下的这篇《燕然山铭》，可谓谄媚至极，不啻活脱脱地画出了自己的奴才嘴脸。

前面已经谈到，班固在《燕然山铭》中援引大、小夏侯一派今文经学家的说法，以《尚书·尧典》中"纳于大麓"的经文，来比拟窦宪总理朝政的地位，可是窦宪领兵北征时的正式身份，不过是个形式上依附于汉和帝、实际上依附于自家小妹窦太后的"侍中"而已，拜受统兵的车骑将军之后，虽说"官属依司空"（《后汉书》卷二三《窦宪传》），也就是参照司空的标准配备下属官吏，但这毕竟还算不上是三公之一的司空，况且仍旧是一个戴罪之人。这"纳于大麓"一语，本来是用在舜帝身上的话，清人陈乔枞总结西汉以来迄至新莽的实际用法，是"凡三公、丞相皆可云'大录'，不必居摄也"（陈乔枞《今文尚书经说考》卷一）。依此标准，窦宪是无论如何也不够格的，可是班固却就是这样谄媚，这样无耻，硬是要违逆礼制，用个这么大个词儿，来向这位权臣表述忠心，以报答窦宪的恩德。因为窦宪在出征前特地把班固提拔为"中护军"这个秩级二千石的"高干"。(《后汉书》卷四〇下《班彪传附班固传》下）

无奈权力场上的投资，结果往往很难预料。想不到窦宪很快就在永元四年（92年）的夏天倒台了，作为窦宪的党羽，班固也被牵连入狱，随即死于囹圄之中。(《后汉书》卷四〇下《班彪传附班固传》）——这就是班固为自己人生所演奏的《大雅》之章。看起来即使一心想要明哲保身，也并不像班固期望的那么容易。

是什么样的人，就会写出什么样的著作。

南朝刘宋时期范晔撰著《后汉书》，当写到班固的传记时，对比司马迁的《史记》，对他们两人都给予了很高的评价，谓"议者咸称二子有良史之才。迁文直而事核，固文赡而事详。若固之序事，不激诡，不抑抗，赡而不秽，详而有体，使读之者亹亹而不猒，信哉其能成名也"。这是讲从史书撰著的技术角度看，不管是《史记》，还是《汉书》，这两部书都是成功的史学名著。

不过范晔对班固撰著《汉书》的价值观，同班固评价司马迁的《史记》一样，也是颇有微词：

（班）彪、（班）固讥迁，以为是非颇谬于圣人。然其论议常排死节，否正直，而不叙杀身成仁之为美，则轻仁义，贱守节愈矣。固伤迁博物洽闻，不能以智免极刑；然亦身陷大戮，智及之而不能守之。呜呼，古人所以致论于目睫也！（《后汉书》卷四〇下《班彪传附班固传》）

这里的"轻仁义，贱守节"六字，恰如班固人生的写照。不过范晔讲"古人所以致论于目睫"，是说班固因不识眉睫之间的灾祸，以致"智及之而不能守之"。这样的认识，实际上是含糊其辞，既不清楚，也不确切。

班固的问题，是把个人的荣华富贵凌驾于天下公理之上，为一己私利而苦心钻营，所以才招致杀身之祸；而且他的悲剧，不在于下狱殒命，乃是身败名裂。清初人朱鹤龄曾就班

内蒙古大学学者拍摄的《燕然山铭》刻石所在的山崖

固以良史之材而"为窦宪作《燕然山铭》，卒至下狱以死"事慨叹道："甚哉！文章之不可以媚人也。"（朱鹤龄《愚庵小集》卷一三《书渭南集后》）又清后期人罗惇衍，也在一首咏史诗中，对比"乐恢郅寿中流柱，力折权豪气自雄"之壮举，叹惜班固其人其事及其遭遇云："可惜兰台文冠世，洛阳牢户泣秋风。"（罗惇衍《集义轩咏史诗钞》卷一七《窦宪》）司马迁激于天理人情，为李陵仗义执言，遭受腐刑之辱，尽管这受到班固的无情嘲讽，却作为一个堂堂正正、有情有义的人，留下万古英名。

这两位盖世史学家的命运，正如司马迁《报任安书》中所云："人固有一死，死有重于泰山，或轻于鸿毛，用之所趋异也。"（《汉书》卷六二《司马迁传》）镌刻《燕然山铭》的那块突起的山崖，就是班固的耻辱柱。发现这通摩崖刻石，其最大的社会作用，便是警醒当今的历史学家，时刻以天下苍生为重，把握好手中那只笔，走好脚下的路。人在做，天在看。

2018 年 4 月 27 日记